U0165638

古羅馬的旅人

劉增泉　著

五南圖書出版股份有限公司

目錄

第一章　緒論

　　本書以羅馬帝國時期旅人做為研究主題，嘗試揭開羅馬人旅行的真正面貌，撰文時將盡力忠於史料，當然文字的淺顯易懂更能夠讓讀者深入其境，並神遊在古羅馬的世界。在史料引用部分，援引了法文翻譯的拉丁文獻和希臘文獻，並將其融入於本文。尤其在史例部分著墨甚多，力求讓史料說話。

　　本文主要歸納為四個部分論述，第一部分（二、三章）將處理羅馬歷史文化背景和帝國疆域擴張對旅人的關係。在史料的運用上也較偏向於個人主觀看法。但也難免過於專斷。第二部分（四、五章）則析論經濟狀況與交通設施和旅人的關係。第三部分（六、七章）則多論證旅人的紀錄。第四部分（八、九章）商旅和休閒活動，這部分引用了諸多史料，多做分析之後再加以闡述，這樣的安排則有助於本書讀者的閱讀。

　　除以上之外，並參考近代學者的著作和論文，材料引用係作者第一手翻譯。寫作方法和架構上則參考鄭樑生和杜維運先生所撰寫的史學方法，按緒論、章、節、結論分別分析論述。

　　「羅馬帝國」是我們熟悉的名詞，在成語中我們常常會用到「羅馬不是一天造成的」、「條條大道通羅馬」等詞句，這皆是指帝國強盛輝煌的一面。羅馬史的研究在歐美國家一直是顯學，除了古代學者外，近代德國學者孟森（Patrick Manson）、英國學者吉朋（Edward Gibbon）、俄國學者羅斯妥夫采夫（Rostovtzeff）、美國學者加松（L. Casson）等，對羅馬歷史的政治、經濟、旅行，都有深度研究。

　　西元二世紀，羅馬帝國的疆域已經跨越歐、亞、非三洲，因此無論哪一個階層都需要旅行，從旅行中，我們進一步了解到羅馬人真實的一面，它包含的範圍很廣，除了食、衣、住、行、娛樂之外，我們亦從文化、政治、軍事方面分析論述其與旅行的關係，由此更可以詮釋何以條條大道通羅馬，羅馬不是一天造成的原因。這也是本書的初衷。

　　從政治方面看，羅馬的偉大功績在於它統一了地中海地區，羅馬皇

帝們實現了亞歷山大的夢想，並且讓其統治的疆域更為廣大，由此更可以理解何以歐洲人對羅馬滿懷憧憬。換言之，羅馬的統一概念早已深植在歐洲人內心深處，正是這種依舊存在的統一概念，促使後來的征服者如查理曼、鄂圖一世、拿破崙等，皆以皇帝的身分再現，並企圖統治整個西歐，如今的歐盟亦是在羅馬統一的概念之下誕生，歐盟也只是羅馬的另一個代名詞。羅馬人一本護照走遍天下，一種語言和天下人溝通，人車來往絡繹於途，旅行亦代表了帝國的豐足和強盛。

在馬可‧奧里略時代（Marcus Aurelius），對第一次目睹羅馬景象的行省人民來看，他們會被深深觸動其敬慕之情。羅馬城當時有一百二十萬居民，自奧古斯都時期以來，羅馬城變得美麗。透過各行省人民的往來，羅馬文化不但影響各行省地區，它也接受了各行省的文化，羅馬更是一個文化的大熔爐，尤其它吸收了希臘文化並將其發揚光大。而羅馬文化傳播的媒介，當然就是這些旅行者了，因而可知旅行活動在羅馬文化上的重要性。

傳說中羅馬是由兩個孿生兄弟羅慕洛斯（Romulus）和勒莫斯（Remus）所建立，從西元前七五三年到西元前五〇九年，史家稱之為王政時期。西元前五〇九年，羅馬王政制度被廢除，人們建立了新的共和政體。羅馬的共和政體一直延續了五個多世紀，直到西元前二十九年屋大維回到羅馬時，接受了凱旋的歡迎儀式。人們皆為內戰的結束而歡慶，這也是共和的結束。西元前二十九年，第一位羅馬皇帝屋大維（他是實質上的皇帝）到西元四七六年，一位住在義大利的日耳曼首領奧多亞克（Odoacre）廢黜了時年僅十歲的羅馬皇帝。羅馬帝國在西方的版圖也完全消失了。而古羅馬的時代界定，即是指西元前七五三年到西元四七六年這一段時期。

羅馬帝國幅員廣大，民族眾多，如何能經營統治這樣的帝國，使其維持歷久不衰，是一件困難之事。它經歷了王政、共和以及帝國時期，到了

圖1-1　傳說中羅馬是由孿生兄弟羅慕洛斯和勒莫斯所建立
資料來源：劉增泉攝

西元一世紀末，羅馬城的人口達到一百二十萬之眾，然而「羅馬並不是一天造成的」，一個偉大的帝國也不是在短時間內即可形成。羅馬的偉大在於它的韌性，它就如希臘神話故事裡的九頭蛇，砍掉了一個頭又會新長出一個頭。

　　羅馬發源於義大利半島上的拉丁姆平原，經過漫長時間的奮鬥，帝國的版圖才逐漸向外擴張。期間，它先後征服了義大利半島、北非迦太基、希臘、伊比利半島、小亞細亞、敘利亞、高盧、埃及等地區，它的版圖擴及歐、亞、非三洲，是古代世界的強權。

　　面對各種不同的民族文化，羅馬帝國必須適應這種不同文化所造成的影響，羅馬在這方面做得相當好。他們推行一種單一的語文（拉丁文），雖然各省仍然保留自己的語文，然而拉丁文成為大家共通的語言，在羅馬街頭上可以看到形形色色的羅馬人，他們都融合在羅馬民族的熔爐裡。此外，他們從希臘人身上學到許多東西，並適當加以應用，使帝國能更迅速發展。年輕時期的凱撒、屋大維皆曾至希臘學習雄辯術和軍事。

　　羅馬的版圖遼闊，但它有一套相當完整的官僚系統和強大軍隊，因而

國家機器的運行也非常穩定。由於版圖的擴張，公路的修建乃成爲必要的事項。初始通往各省的公路是爲了軍事目的而修建，但它的修建也方便各地的旅者，官方在各省和大道上都設有驛站和旅店，在西元一世紀到二世紀初，羅馬政治上軌道，條條大道通羅馬足以說明羅馬當時交通情況。

縱觀羅馬的統治政策，並非建立在強大的武力和行政系統，他們在治理羅馬以外地區時，會融入當地的風土民情，利用地方勢力來幫助其統治。因而各地總督會和地方勢力結合並分享權力，這是羅馬政權之所以鞏固的原因。此外，羅馬在各地的軍隊很少，軍事也介入不多，非到必要時絕不動用軍隊，行政權則不吝下放給地方，唯一控制且緊抓不放的權力是「經濟」。對於經濟、財政等，羅馬非常重視。羅馬從埃及進口小麥，從中東地區輸入熱帶蔬果，各省的貨物絡繹不絕地輸往羅馬，經濟的繁榮，致使羅馬成爲古代世界最爲壯麗的城市。

羅馬能夠長治久安，首都羅馬一直是個重要因素，不管在任何時候，羅馬城都屹立不搖，它是帝國政治、經濟、文化的中心，羅馬人皆以羅馬城爲驕傲，他們認爲羅馬城是最偉大的城市，並且將它推展到帝國各地。例如現今北非阿爾及利亞的提姆加德城（Timgad）、土耳其的以弗所等（Ephesus），它們都是羅馬城市輸出的明證。

而羅馬人對於城市的建設也不遺餘力，爲了使各省的城市加速發展，羅馬訂出一套規則，即先改善舊有的大城市，然後再發展偏遠鄉下之地，如高盧、西班牙等地。所有城市的規畫皆呈棋盤形，一座中型的城市大概擁有兩萬人左右，城內有凱旋門、豐足大街（主要街道）、住宅區、商業區、劇場、競技場、公共浴池、公共廣場、大會堂、公共廁所、下水道、神殿、特種娛樂區、公共墓園等，城市的規畫完美性在古代世界無出其右。

羅馬人認爲有一個完善的城市之後，地方才會發展起來，人員也才會流通，例如西元一世紀初由義大利到埃及的亞歷山大港的旅者就非常多，

　　羅馬的陸路交通網眞是四通八達，無論你在哪一個定點，它都可以通向羅馬；海上交通也一樣，專門的客輪已經出現，它航行在帝國的每一個行省境內，而各地人員的往返亦構成羅馬世界的旅行圖象。

　　考古學家從墳墓所在位置來判斷羅馬城的大小，墓地多在城市郊區，而現今多爲市區的黃金地段。此外，羅馬城內還有一座廣場，它位在市中心，其造型是兩面半圓形，廣場是做爲群眾休閒的場所，羅馬政客喜歡在廣場上演講以博取市民的支持。羅馬人對各種文化活動都很熱中，並引以爲傲，雖然文化不及希臘，但也出現了維吉爾、李維、賀拉斯（Horace）、西塞羅、老普林尼、小普林尼、塞內加（Seneca）等文人雅士。

　　退休後的羅馬人喜歡到有溫泉的地方靜養，對於水上的活動也相當喜愛，因而他們除了到海濱度假外，最常見的活動就是泡澡，羅馬人的一大樂事，是三五好友聚集在澡堂內聊天下棋，喝葡萄酒，談女人。在各省的大大小小城市中都建有公共浴池，有冷、溫、熱水等不同溫度的浴池，此種浴池就如同今天的三溫暖，他們互相搓背後再入池。而在洗澡的同時羅馬人會利用時間觀賞藝文活動並相互交流，以增加彼此情感。

　　城裡通常都有一座神殿，爲羅馬人的信仰中心，羅馬人相信神祇會保護全城的人。羅馬人習慣上服從神的旨意，由占卜中得知神的意向，此即先兆；若出現了日蝕、月蝕景象則斷定將有大事發生，此爲預兆。此外，各個城市都有一座法庭、圖書館、元老院議場等設施，而羅馬城則集各種優點於一身，無怪乎它成爲羅馬人之驕傲。

　　羅馬除了將城市發展延伸到各地外，他們對城市之間的交通建設，亦很重視，各城市之間的道路互相聯結，路面寬廣、平坦。從羅馬到西班牙的路程大約僅需十二天的時間，羅馬利用城市與城市之間的交通便利性，建立起一個交通網路，使得各省之間的人員往返更加頻繁，再加上當時地中海冬季航行不易，也增添陸路的重要性。

　　便捷的陸上與海上交通，對行軍、來往文書、貿易、文化傳播等帶來

極大的便利，此也成爲羅馬帝國統治的基礎。從考古學上石雕人像可以得知，西元一世紀時期，各行省的生活習慣逐漸向羅馬看齊，例如北非的提姆加德城，非洲黑人夫婦的塑像（穿著托加）（Toca）即是各行省居民羅馬化的佐證，而羅馬軍團的許多退伍軍人都移居到這座城市，他們落地生根也成爲自然的事情。

當城市與城市、鄉村與城市的交通，逐漸發達暢通後，就形成一定的市場規模，藉由交通使各地資源流通到帝國各地，如西班牙的特產爲橄欖油，經由交通網路使之貨暢其流，因此帝國各地都可以看到橄欖油，換言之，人們將資源充分地分配，並運送到各地需要的地方，這是羅馬成功的一面。貨物通行無阻，使得羅馬的奧斯蒂亞港（Ostia）成爲地中海上最繁忙的港口。在碼頭上可以看到搬運工人卸下來自非洲各種各樣的貨物，或者來自印度的香料、中東的奇珍異品等等。

但要達到人、貨自由地流動，需有一個前提，此即爲帝國需和平無事，不能有戰亂。西元前一世紀後期，海盜橫行在地中海上，甚至連凱撒都曾遭海盜劫持，屋大維統治時期，地中海上的海盜大多已經肅清。到了西元二世紀時期有四十年的時間，帝國境內是承平時期，因此帝國人民皆可以到各處旅行，人民的流動率很高，進而使文化的傳播加快，羅馬文化快速地傳播到帝國的各個角落，不同的文化也相繼傳入羅馬。人員的往返和文化的交流，讓羅馬成爲世界的中心，也吸收了來自各地區不同的技藝，例如敘利亞的玻璃工業藉由各種傳播方式推行到羅馬。民族之間接觸的機會也大增，進而加強了民族的融合與了解。理論上，一個多種族的國家一般皆會產生民族間的矛盾與衝突，就如同今天的美國一樣，羅馬人透過其智慧將阻力變爲助力，多元文化的存在對羅馬帝國而言則是正面大於負面。

羅馬的經濟繁華，人民有錢、有閒是出門（國）旅行的動機，雖說古羅馬旅者出遠門的目的各不相同，但旅途平安和旅途愉快是旅者共同心

願，在條條羅馬大道上，暗藏著危機，旅者稍微不愼即成爲強盜的囊中之物，甚者命喪黃泉。海上交通或者一帆順風或者遇上風暴等，其間有太多的不可預知之事。

　　無論是路上的旅行或海上的旅行都有一定程度的冒險，但也有相對的樂趣。由於完備的公路和海路交通系統，因而才會有各個階層的人民互相往返。西元一世紀到二世紀是所謂的羅馬和平時期，羅馬帝國的政策已上軌道，皇帝的素質也提高了許多，羅馬不但順應各地風土民情，而且還有完善的管理，更由於各地區加入了羅馬文化行列，和人民對帝國的認同感，這是羅馬最光輝榮耀的時刻，它更是羅馬發展的基礎，這也是旅者絡繹不絕的原因。

第二章　古羅馬旅行形成的文化背景

第一節　共和時期的羅馬文化

羅馬人長久以來一直是農民，過著樸素的農村生活，他們吃苦耐勞，但唯利是圖，也很吝嗇，經常打官司維護自已的財產權益[1]，因此變成優秀的法學專家。由於生活環境侷促一隅，一生中大部分時間都在農村中度過，人們眼光短淺毫無遠見，利字當頭，爲了蠅頭小利可以爭吵半天亦在所不惜，練就一口好辯才。當城市興起時，商業也隨之改變，人們便不再滿足於蠅頭小利，商業旅行也讓人們見多識廣，並成爲政府的行政管理者一員。

傳統賦予古代羅馬人許多美德，例如尊敬父權、獻身祖國、遵守法律以及大公無私等[2]。但早期羅馬人也瞧不起那些日常生活中可有可無的文學家和藝術家。一般人也沒有閱讀的習慣，直到西元前二世紀，希臘文化大量傳入，一些貴族和富有的公民紛紛禮聘希臘教師做爲孩子的導師。隨之，政治人物到希臘留學亦蔚爲一股風潮。

學習之旅爲羅馬上流階層立足於政壇的必備條件，希臘的雅典和羅德島是羅馬貴族子弟最嚮往的地方，羅馬的道路和海上設施還算完善，旅行的風險雖然存在，但仍然擋不住人們學習的熱潮，他們旅行目的純粹爲了追求知識。

家庭是建立在婚姻的基礎上，婚禮只是一種宗教儀式，主要是使年輕女子脫離父母親的家庭轉而進入丈夫的家庭中，她們也因此放棄了自己家族的神祇，轉而接納夫家的神祇[3]。這一點和古代中國的婚姻制度很類似。

---

[1] P. Grimal, Les Villes Romaines, Paris: Fayard, 1954, p. 65.

[2] M. Clavel, P. Leveque, Villes et Structures Urbaines dans l'Occident Romain, Paris: A. Colin. U2, 1971, p. 45.

[3] Carcopino, La Vie Quotidienne à Rome à l'Apogée de l'Empire, Paris: Librierie Hachette, 1957, p. 102.

屋大維的女兒茱莉亞（Julia）先後嫁了三個男人，這是父權社會的產物，她的婚姻是個悲劇，也導致日後一連串偏差的行為，傳說她與多位元老院議員有染，迫使屋大維不得不把她放逐到一個小島。

羅馬小孩的教育由父親負責，當他們十七歲就自動成為公民，從此可以穿著托加（一種寬長的外袍）[4]。代表成年男人，這是羅馬人的禮服，多半是在節日慶典時穿著，元老院議員穿著的托加又特別講究，腳穿皮製涼鞋，走在議會殿堂上好不威風。

西元前三世紀，羅馬人的生活仍然非常簡樸，早上吃蘸葡萄酒的麵包和一些油橄欖，然後到田間或作坊裡工作，午餐是一種有蔬菜、水果和奶酪的點心，午休一會兒後繼續工作直到晚間，晚餐稍微豐盛一些，羅馬人待夜幕降臨時即上床睡覺，只有在趕集的日子才能替這種單調、樸素的生活增添一些多樣性的樂趣[5]。趕集時最常乘坐的交通工具是驢子（車）和牛車。由於飲食簡單，羅馬人很少有大胖子，晚上沒有什麼娛樂活動，家庭生活乃是人們的重心，這時期的出生率也相對地提高，這和後期羅馬人不想生育相差甚多。

自給自足是這個時期的特色，古代羅馬人平常穿著家中自行紡織製作的衣服；外出逢大場面時，公民即穿上「托加」（Toca），腳上著涼鞋。粗麻布、涼鞋是羅馬人的寫照，特別值得一提的是，羅馬人從不打赤腳，這或許和他們製作皮製涼鞋的優良品質有關。

我們從古代羅馬的塑像中得知羅馬人的食、衣、住、行，車子以牛拉車，此即牛車。此外，牛還負責耕種田地，驟車也是常見的交通工具，人們很少離開自己的村落，除非被徵召當兵。

家居的房屋亦非常簡陋，羅馬人早期大都用樹枝和有柴草的泥漿蓋圓

---

[4]　Malet et Isaac, Rome et le Moyen âge, Paris: Marabout, 1988, p. 23.
[5]　Idem.

草茅屋。中世紀時期，這種圓草茅屋在法蘭克和不列顛地區仍隨處可見。後來，他們仿效伊特拉斯坎人，所蓋的房子爲四方形且無樓層、中庭、飯廳和廚房。紅瓦的屋頂上開著採光的窗戶，但窗戶沒有玻璃，雨水滴落到放置在下面的水盆裡[6]。這也是羅馬人儲水的一種方式。這種建築形式也影響後期羅馬人的建築方式。例如有錢人在龐貝城的豪宅，除了受到希臘建築風格的影響外，伊特拉斯坎人的紅瓦屋頂和採光天井，在龐貝城裡也處處可見。

　　此外，羅馬人的商業經貿使一批新階級興起，這些人依靠戰利品發財，有些因從事海外貿易而致富，他們成爲新興的貴族階層，但凡商賈之家或擁有資產的金融家也都成爲新貴階層，他們由平民的身分慢慢爬升成爲新貴，這些人不乏來自羅馬以外地區，如沃呂姆尼（Volumni）和伊特拉斯坎等地區，由於這些新貴的出現，成爲羅馬另一個特權的開始。羅馬平民經歷了兩個半世紀的抗爭，終於迫使貴族階層低頭，然而最後卻是這些平民取代舊貴族成爲另一批統治集團，他們被稱爲「騎士」（Cavalry）階級[7]。此時貧富差距愈來愈大，人民的困苦也加深。騎士階級自私奢侈，揮霍財富之餘，還大規模地經營農莊或開採礦山[8]。在政商交流下，騎士們多半擁有廣大的土地，土地不僅象徵財富更是社會地位的表徵。相較於元老院的貴族，騎士們因爲經商必須四處奔波，此也開啓了商人之旅。

　　因爲需要人力開發，羅馬因此增加大批奴隸。自第二次布匿戰爭之後，羅馬的負債奴隸已經消失，這時奴隸主要來自被征服的國家，例如北非的迦太基人及希臘的伊比魯斯人（Epirotes），他們因爲戰敗而成爲奴

---

[6]　Idem.

[7]　Idem p. 45.

[8]　Idem.

隸，當然他們也毫無人權可言，僅被視爲「會說話的物品」，且價格低賤，奴隸的慘境不爲一般人所知，他們不但被賤賣，還需戴腳鐐，更沒有法律保障[9]。這些奴隸中不乏具有才學之士，西塞羅就特別敬重被他釋放的奴隸提羅（Tiro），當然富人們有許多奴隸爲他們工作，有的在主人身邊服侍，他們是家僕、廚師、祕書、醫生、樂師、舞者等。

無論是高級奴隸還是普通奴隸，他們從原居住地到羅馬都需以徒步方式旅行。例如：斯巴達克斯（Spartacus）即從家鄉色雷斯（Thrace）輾轉到利比亞礦山做工，而後又到達羅馬的卡普亞（Capua）角鬥士訓練場，這段路程有陸路、海路，行程並不輕鬆。

當時奴隸數目非常多，到了西元前二世紀時，已達到羅馬人口的三分之一。因新貴大肆擴張土地，他們占領公地成爲其私人財產，並以大量的奴隸替其勞作，以便擴大農莊規模。奴隸因而成爲羅馬社會不可或缺的基層勞動力，缺少了奴隸，羅馬社會將運轉不靈。由於價格便宜，羅馬家家戶戶幾乎都有奴隸，這也是羅馬科學和工業不發達的原因。

許多操控奴隸的新貴階級同時也操縱著農村經濟，農民因爲無法與他們抗衡而終至破產，最後有些人以幫傭或當雇工爲生，有些人則變成游手好閒的無賴，寄託於羅馬政府的失業救助。儘管如此，貴族和官員們爲了得到選票而成爲平民的保護人，人們定期去貴族的穀倉領取小麥過活[10]。此外，貴族還提供法律諮詢服務。政府爲了讓這些人消磨時間，興建許多劇場、競技場、賽車場，其目的無非是轉移人們對政治的注意力，以各種刺激的娛樂活動轉移人們對政治的不滿。

西元前三世紀，羅馬政治還算平穩，元老院及各階層的爭鬥已趨平息，尤其在與漢尼拔（Hannibal）間的戰爭後擁有數年的穩定政局，此時

---

[9] Idem p. 15. 47.
[10] P. Petit, Précis d'Histoire Ancienne, Paris: PUF, 1986, p. 251.

迦太基已經完全對羅馬俯首稱臣，成為羅馬的附庸，羅馬也統治西地中海地區。這時期有兩種人可獲得公民資格，一為合法婚姻中出生的羅馬人；二為獲得解放的奴隸，如主人於遺囑中釋放他們；奴隸獲得主人的註冊釋放（五年舉辦一次；或營救主人有功者），他們皆有參政權[11]。此時羅馬公民人數最少保持在二十七萬人左右，大部分為青年男子，每一個公民皆有權參加部落大會（公民大會），並被分組於「百人隊」中，百人隊則分為年長百人隊及青年百人隊。百人隊中的公民可依法選舉行政官員[12]。大部分貴族或騎士階級都選出對自己有利的代表，並以特權決定百人隊中誰可以繼任，通常只有上層階級的十八個百人隊獲得此項權利。

羅馬人重視「實用價值」，這是他們與生俱來的文化風格。漢尼拔戰爭前的拉丁文學並不存在，直到昂陶尼居斯（Livius Andronicus）才開啟了拉丁文學創作，他是義大利南部泛希臘的希臘人，來自塔倫特城（Talent），因為西元前二七二年塔倫特被羅馬征服而成為奴隸，但不久之後即獲得釋放，並成為羅馬貴族家庭教師[13]。他的貢獻是將荷馬的史詩《奧德賽》（Odyssey）翻譯成拉丁文，並成為有名的教材，這也為羅馬人開啟了海上旅行的一扇窗。奧德賽在海上飄流了十年，最後回到家鄉，這是歐洲最早的旅行文學作品。

另一位著名的拉丁文學作家是納俄維尤斯（Gnaeuw Naevius），他來自坎帕尼亞，作品大量採用戰爭背景，如布匿戰爭中羅馬英雄的事蹟，他試圖喚起羅馬人的民族情感，因為羅馬人在大舉征伐之後，變得唯利是圖、自私自利，對國家事務也漠不關心，他的作品也確實激起了部分羅馬人的愛國情操。

---

[11] R. B. Bandinelli, Rome le Centre du Pouvoir, Paris: Gallimard, 1969, p. 263.

[12] P. Petit, Précis d'Histoire Ancienne, p. 263.

[13] P. Petit, Histoire Générale de l'Empire Romain, Paris: Seuil, p. 305.

　　此時，眾多外來文化一直深深影響羅馬文化，如希臘人、伊特拉斯坎人、塔倫特人、薩莫奈人（Samnites）、坎帕尼亞人等，使得羅馬藝術雖然光耀生輝，但卻沒有自己的特色[14]。不同文化的交流對羅馬的影響確實非常大，各民族間的旅行交流可以化解彼此間的歧見，但也有可能帶來更多的敵意與偏見。

　　羅馬人一度沉迷於希臘文化，並產生一股熱潮，舉凡各種陶器、雕塑、建築、繪畫、文學、哲學等皆爲其模仿對象，羅馬人眞可以說徹底將希臘文化「發揚光大」。羅馬人對宗教信仰非常虔誠，最早的神廟是西元前五○九年建在卡匹托勒山丘（Capitoline），敬奉朱庇特、米涅瓦（Minerve）及朱諾（Juno）三個神祇，由此可說明羅馬人堅定的宗教信仰，神廟同時也是建築藝術的濫觴[15]。它是羅馬政治的重要場所，各種公民及元老院會議都在神廟廣場舉行。這些建築工匠的旅行機會比一般平民多了許多，他們不辭辛苦遠至雅典學習技藝，希臘優秀的藝匠亦紛紛前往羅馬工作，羅馬的大型建築需要專業人才，因此，工匠、藝術家的旅行乃平常之事。伊特拉斯坎人影響羅馬人的建築至深，西元前三一二年他們修建一條長達十六公里的馬克西姆下水道，從此更使得羅馬人體現了實用價值。

　　羅馬人由伊特拉斯坎人的建築經驗得知，以各種石塊材料建造下水道、城門、碉樓等[16]。羅馬人也學會了在建築上使用圓拱，並達到實用美觀及雄厚堅實的效果，它不但耐用，更不比希臘的古典建築遜色。這一階段，羅馬亦發展出一種特殊的繪畫藝術，由於羅馬人極重視對祖先容貌的瞻仰，使得「肖像」創作逐漸興起。起初，羅馬人因技術或創作能力不純

[14] P. Grimal, L'Empire Romain, Paris: Fayard, 1993, p. 137.

[15] R. M. Mullen, Les Rapports Entre les Classes Sociales dans l'Empire Romain (50 av. JC-284 ap. JC), Paris: Seuil, 1986, p. 63.

[16] R. M. Mullen, Le Paganisme dans l'Empire Romain, Paris: PUF, 1987, p. 87.

熟,乃以蠟爲材料「製模」祖先遺容[17]。祖先死後面容即印於其上,故形貌逼眞,但因死亡後面容較無生氣,因此在西元前三世紀改成了較生動活潑的肖像畫。

受到伊特拉斯坎人對祖先墳墓的雕像影響,人們不再注重重現眞實的面容,轉而描繪具體的生活景象,也從此展開寫實的繪畫藝術,肖像創作也就成爲繪畫藝術的啓蒙。羅馬受陶器文化影響並不長,西元前三世紀,整個義大利地區充斥著來自呂卡尼亞(Lucania)及坎帕尼亞的陶瓷器,西元前二〇〇年它們突然消失,這也許意味著另一種陶瓷文化興起。

在宗教方面,羅馬的宗教並不宣揚某種教義,宗旨亦不在使人類更優秀,僅只讓人們熟識各種討好神祇的儀式[18]。羅馬人相信,神祇會使人們知曉祂們的旨意,有時神祇會回答人們所提出的問題:這些答案被稱作「預兆」;有時神祇會自發傳送一些訊息,人們稱之爲「先兆」[19]。羅馬與希臘宗教一樣,他們也有家庭的宗教和國家的宗教,但由於不斷接納外來的神祇而產生許多變化。從王政時期就有義大利奧特人和伊特拉斯坎人的神祇加入,稍後又有希臘神祇,最後還有埃及、小亞細亞、敘利亞、波斯的神祇加入[20]。也因此改變了舊有的羅馬宗教信仰。

羅馬神話將農神及大自然的神祇都幻化爲人形,西元前三世紀,又受希臘神祇及印歐語系的神祇影響,羅馬再度融合東西方文化,終於發展出富有羅馬現實主義精神的宗教形式。它不但有法律形式規範,同時也具有契約性質的默契[21]。此外,任何重要祭典節日都有曆法予以配合,同時由祭司負責主持。

---

[17] F. Hurlet, A. D. Gagey, Art Province Rome, Paris: PUF, 2005, p. 210.

[18] M. Meslin, Le Christianisme dans l'Empire Romain, Paris: Seuil, 1970, p. 151.

[19] Malet et Isaac, Rome et le Moyen âge, p. 21.

[20] A. Eugene, L'Empire Romain, Paris: Alcan, 1929, p. 45.

[21] G. Bloch, La République Romaine les Confits Politiques et Sociaux, Paris: Flammarion, 1925, p. 104.

　　羅馬宗教兼容並蓄，他們向各國借來或搶來一些神祇，例如藉由伊特拉斯坎人及塔倫特人的競技活動，羅馬人加深對海克力斯的崇拜；羅馬人信仰希臘德爾菲（Delphes）的太陽神阿波羅尤其虔誠，也使希臘神祇獲得羅馬人的青睞[22]。因此塞瑞斯（Cérés）、戴安娜（Diane）、米涅瓦及里貝爾（Liber）、巴代爾（Pater）、維納斯等神祇也成為羅馬的重要神祇，羅馬人的宗教旅行變成一項不可缺少的活動。

　　從西元前三世紀到西元前二世紀，羅馬戲劇配合文學，由萌芽進而熟稔，啓發者仍是希臘文化。前述昂陶尼居斯（Antoinecus）在文學創作上大放異彩，西元前二四〇年，他推出的悲劇《奧德賽》深獲好評，此後戲劇風行，昂陶尼居斯創作出更多劇本，遂成為喜劇大師，他生平創作有一百三十多部，可惜大部分已散失，然而他卻為羅馬開啓戲劇藝術大門[23]。從此羅馬盛行昂陶尼居斯風潮。他們不只翻譯希臘原著，加以補充內容，又加上自編的內容，戲劇也終於真正成為羅馬人自編自演的「羅馬喜劇」。羅馬戲劇的特色主要是反映社會的真實面，同時也表現出羅馬政體的本質[24]。值得一提的是羅馬喜劇完全和民間通俗文化結合在一起，並發展出民間的滑稽劇，雖然不為統治者所接受，但普羅大眾的喜愛正說明了這種矛盾關係。然而希臘的戲劇並未因此完全失去影響力，尼祿皇帝長途旅行即是為了能夠在雅典舞臺上演出，為戲劇而旅行到希臘似乎成為劇作家必經之路，因為希臘才是戲劇的發源地。

---

[22] Mermeix, Histoire Romaine, Paris: Fayard, 1935, p. 29.

[23] H. Georges, Guide Romain Antique Paris: Hachette,1964, p. 72.

[24] A. Chastagnol, Le Bas-Emrire, Paris: Armand Colin, 1991, p. 19.

第二節　帝國初期的羅馬文化

　　羅馬帝國時期的文化也反映出帝國的政治和經濟情況，它涵蓋各行省及各民族，也揉合了東、西方行省的色彩，輝煌且燦爛，尤以帝國早期堪稱文化的黃金期，並集合了各種文化之精華。當時的羅馬城已經非常國際化，尤其在馬可・奧里略（Marcus Aurelius，西元一六九年至一八〇年）時代，對第一次來到羅馬旅行，目睹羅馬景象的外鄉人而言，深深觸動了他們對羅馬城的敬慕之情[25]。宏偉壯麗的神廟、競技場、賽車場、萬神殿、高架引水道、公共廣場、噴水池、公共浴池、四層樓高的公寓。整座城市的精心規畫，使得羅馬城擁有一百二十萬居民，屋大維曾自豪地說：「**我讓羅馬從一座磚塊的城市，變成大理石的城市。**」羅馬的確自屋大維時代就變得美麗多了[26]。

圖2-1　奧古斯都廣場

資料來源：劉增泉攝

　　當然，羅馬也有讓人鄙視的地方，例如道路沒有人行道，且從不清掃堆放著的垃圾，人們對基本的衛生常識完全陌生，因此常有傳染病；羅馬城大部分都是木造房屋，因而可怕的火災時有發生[27]。實際上，羅馬城與十九世紀初的英國倫敦很像，也和現在印度孟買、加爾各答的都市水

---

[25] Malet et Isaac, Rome et le Moyen âge, p. 61.

[26] Idem.

[27] J. P. Martin, La Rome Ancienne, Paris: PUF, 1973, p. 186.

準相差不多。就現代都市景觀而言，它是很落後的。屋大維去世之後，繼任的皇帝又建造了不少宏偉的建築，集會廣場上就興建了紀念屋大維的神廟。此外，還陸續建造韋斯巴鄉（Vespasian）、安敦尼及其皇后福斯坦娜（Fusitanna）的神廟[28]。當然在這裡人們還可以看到提圖斯（Titus）的凱旋門和圓形大競技場，前者是紀念征服猶太人，後者則是爲籠絡選民。

羅馬城內四處可見集會廣場，其中以圖拉眞廣場最大，人們在這裡集會、休閒，非常熱鬧。在建築群中，公共浴池更是宏偉壯觀，內部設有冷、熱、蒸氣的三溫暖浴池，同時其中還有健身房、圖書館、音樂廳和演講沙龍。外地人來到羅馬必定來此一遊[29]。從貴族到平民，其間的差異很大！在羅馬，人民是屬於比較混雜的群體，例如得到自由的奴隸和來自行省的人，他們比原籍義大利的公民人數要多，一些人開設店鋪或當行政人員，但一部分平民階層卻拒絕工作，他們依靠政府長期免費發放給窮人的麥子生活[30]。他們雖然窮困，至少還是公民，共和時期，元老院議員以及行政官員在選票的壓力下，甚至還爲他們專門設置選民服務處。

安敦尼王朝時期，羅馬有二十萬人靠這種救濟生活，另外有一部分人則接受富人的保護，每天早上向富人問安而得到微薄的糧俸，稱爲「賞賜」，平民或富人都痴迷於娛

圖2-2　帝國時期羅馬人已知使用浴缸

資料來源：劉增泉攝

[28] Idem.

[29] L. Bohec, Histoire Romaine, Paris: PUF, 1991, p. 21.

[30] G. Pierre, l'Empire Romain, Paris: Fallois, 1993, p. 245.

樂，因此羅馬皇帝不斷為他們提供取樂的方式，在羅馬，每兩天中就有一天是假日[31]。人們湧向競技場、圓形劇場、馬戲場觀賞演出表演，劇場的劇目通常很低俗，因為公眾尤其喜歡看粗俗的喜劇演出。裝飾繁複的舞臺背景採用巧妙的機械設備，有奔流的瀑布、若隱若現的風景，畫面讓人心曠神怡[32]。若劇情需要有人死亡的場景時，他們以死刑犯當臨時演員，並當眾將其處死。

賽車場則進行馬車競賽，羅馬的賽車場大約可以容納二十五萬觀眾。他們狂熱地觀賞分為綠、白、藍、紅四組的馬車競賽。實際上，這種比賽跟人們的賭注有關係，查士丁尼（西元四八三年至五六五年）時一場賽車引發的暴動，死亡人數高達數萬人，查士丁尼也差點被迫流亡[33]。外地人來到羅馬通常都會到大競技場觀看角鬥士的表演，這或許就是外鄉人來到羅馬旅行的一個行程。

角鬥士事先都會經過艱苦的訓練，他們使用不同的武器，穿著短褲、攜一張網、一副三叉戟與手中拿短劍、盾牌的角鬥士決鬥[34]。戰敗者常求饒，但觀眾會以大拇指指向地面要求處決。人們還以戰爭中的俘虜對付猛獸，羅馬人從恐怖的刑罰中取樂，絲毫沒有惻隱之心[35]。但優秀的角鬥士就如同今日的足球明星，受到眾人的喜愛，尤其受到少女們崇拜。

當行省的居民由海上到達羅馬時，他們上岸的港口就是位於台伯河口的奧斯蒂亞港，西元一世紀到二世紀，曾經有三位皇帝（克勞迪、圖拉真、哈德良）在這個港口進行擴建，它是當時羅馬帝國最熱鬧的港口，一艘艘來自埃及、西西里島、北非和西班牙裝滿小麥或油料的船隻，停泊

[31]　Malet et Isaac, Rome et le Moyen âge, p. 73.

[32]　V. Paul, l'Empire Gréco-Romain, Paris: Seuil, 2005, p. 217.

[33]　G. Pierre, l'Empire Romain, Paris: Fallois, 1993, p. 163.

[34]　B. Christophe, la Noblesse de l'Empire Romain. Les Masques et la Vertu, Paris: Champ Vallon, 2005, p. 147.

[35]　B. Martin, l'Expérience Plébéienne. Une Histoire Discontinue de la Liberté Politique, Paris: Payot Rivages, 2007, p. 89.

在港口處，商品經由台伯河直接運到羅馬，使用的是用牛拉的平底駁船，人們也會把貨物先存入台伯河下游奧斯蒂亞港的倉庫[36]，其重要性顯而易見。現在我們從圖拉真紀念柱的浮雕中，還可以看到當時港口繁忙的景象。

羅馬帝國版圖遼闊，各種不同的文化極為豐富，許多行省都已「羅馬化」，相對地也以本身的文化影響羅馬。帝國中期雖然政局混亂，幸虧未曾波及各行省的文化。行省每年舉行大會，負責各項節日慶典的執政官或元老院則會派遣使者與會；慶典節目由行省居民籌畫，各城市常舉辦此種盛大活動，但也往往使農村失去照顧，因而城市文化逐漸風靡，鄉村文化則漸趨沒落[37]。羅馬受希臘文化影響深遠，各種公共建築及神廟常見希臘風格，來自各行省的文化也不知不覺被羅馬吸收，進而發展出真正屬於羅馬「實用精神」的特質。換言之，羅馬人善於模仿吸收外來的科技文明，藉以應用在現實的生活裡[38]，例如醫學、建築、軍事等等。

羅馬在東方的行省——埃及，則對外來文化的接受度不高，除了它本身久遠的文化之外，最重要的是埃及對自己文化認同的神祕感[39]。美國紐約大都會博物館中，羅馬帝國時期的埃及行省木乃伊說明了埃及文化對羅馬的影響。

西元二世紀，羅馬帝國允許私人開發新的產業，新興資產階級亦逐漸主導羅馬的文化，帝國的經濟繁榮，人們行有餘力地推動各地方文化交流。最顯明的例子是安提阿（Antioche），它是敘利亞地區最繁華的城市，亦是當時東西方貨物的集散地[40]。西元一世紀，羅馬在小亞細亞地

[36] Tite-Live, Histoire Romaine, Paris: 1968, pp. 45-66.

[37] Denys d'Halicarnasse, (Trad. Earnest Cary), Antiquités Romaines, Harvard University Press, 1937, pp. 47-111.

[38] Cicéron, De la République, Paris: 1967, p. 15.

[39] Polybe, (Trad. Fustel de Coulanges), Histoire Générale, Amiens: 1858, pp. 23, 34.

[40] Dion Cassius, (Trad. Étienne Gros), Histoire Romaine, Didot, Paris: 1864, pp. 55-68.

區積極地發展，並舉辦各種競技比賽，奢靡之風日盛，在以弗所（Ephesus）除了有整齊的街道外，附近還可以看到依山而建的劇場和神廟。

　　非洲地區、萊茵河沿岸及高盧地區也相當繁榮，亦孕育出輝煌的文化，但這些地區的發展較羅馬東方晚，文化表現較爲質樸，雖然沒有那麼光彩奪目，然而正足以顯現羅馬的文化差異[41]。萊茵河地區的地理條件及廣闊森林很適合成立軍事區，羅馬藉此更加鞏固他的政權。非洲阿非利加行省的農產品可以供應帝國所需，在如此巧妙的配合下，羅馬文化的快速滲透和發展，使得這些地區成爲極具潛力及活力的地方。

　　克勞迪（Claudius）時期正風行世界主義，許多奴隸在東方獲得釋放，其中大部分人來自那博納（Narbonaise）、西阿比那（Cisapine）、西班牙等地區，他們對文化交流有很大的助益。富人爲享受文學樂趣，尋求曠世之作，因而資助許多學者，文學作品日漸增多，內容亦顯得豐富。克勞迪、尼祿支持浪漫品味及東方風格的希臘化文化；弗拉維王朝（Flavian Dynasty）則轉而支持質樸之風。上行下效，學術風氣、藝術品味隨當政者的喜好而呈現不同風貌，然而各地的社會因素也不可忽視[42]。此時各行省產生許多資產階級，他們支持傳統義大利的貴族，因此更竭盡所能地維持過去羅馬的傳統，這種保守風格使羅馬在文化上未能有突出創新的表現。

　　帝國經過連續的動盪不安後，羅馬王室家族由盛而衰，甚或遭受迫害，舊貴族消失，取而代之的是一批同樣驕傲自負的新貴族，此即騎士階層。他們開啓一種新文化，將學術、文化帶向「愛說教」的理念，不但毫無創新，更使文化停滯不前[43]。這種注重雄辯術卻不求精進開創的文化，

---

[41] Eutrope, (Trad. Nicolas-Auguste Dubois), Abrégé de l'Histoire Romaine, 1865, p. 33.

[42] CI. Lepelley, L'Empire Romain et le Christianisme, p. 127, pp 11-19.

[43] Florus, (Trad. Désiré Nisard), Abrégé de l'Histoire Romaine, 1840, pp. 21-31.

致使人們對東方文化產生懷疑及抗拒，更使羅馬的藝術走向衰微，而文化的黃金時期也逐漸消失[44]。

由於帝國政治的變動與社會思想多元化的影響，出現許多哲學派別：唯心論和傳統主義派，這也使羅馬學術領域更加多樣化。除了延續共和時代西塞羅的唯心主義之外，尚有懷疑學派、斯多葛學派、新柏拉圖學派等，這些哲學思想亦將人類思維帶往新領域，尤其是它們結合了基督教的精神，對基督教發展有很大的影響[45]。早期斯多葛學派強調唯物論，物質作用大於心性，到了帝國時期則被棄置一旁，人們開始崇尚一種新斯多葛主義，它不再只注重實務，而是趨向於唯心思想，因而強調禁欲主義及宿命論。但其內容不切實際，也無法抒解帝國危機時人們的憂慮，一些人還把伊比鳩魯主義變成悲觀哲學，不過這種唯心論對於羅馬的上層社會階級而言，卻有很大的影響[46]。奉行此種思想的代表以尼祿（Nero）的大臣兼老師塞納克（Sénéque）爲首。

另外，唯物論者首推琉善（Lucian，西元一二〇年至二〇〇年），他因出生貧苦人家，能體會下層階級的辛勞及需求，對社會現實及人生經驗感觸至深，常以對話形式或諷諭表達其思想，作品有《渡口》、《神的對話》等[47]。他排斥虛假不實的迷信，同時堅信並竭力讚揚斯多葛派學說，對無神論學說形成一定影響。

此時，富人們更經常四處參觀遊歷和舉行宴會。「當眾閱讀的風氣」非常流行，在一群派頭十足的聽眾面前，作家們大聲朗讀他的最新作品。西元前一世紀到二世紀，羅馬也確實出現了幾位偉大作家：如哲學家塞納克、歷史學家塔西佗、書簡作家小普林尼、自然博物學家老普林尼、諷刺

[44] Suétone, (Trad. Jean-Louis Burnouf), Vie des Douze Césars, 1967, pp. 25-36.
[45] Tacite, (Trad. Jean-Louis Burnouf), Annales, 1965, pp. 36-45.
[46] Eusèbe de Césarée, (Trad. Émile Grapin), Histoire Ecclésiastique, 1911, pp. 77-81.
[47] Ammien Marcellin, (Trad. Désiré Nisard), Histoire Romaine, 1860, pp. 98-121.

詩人尤維納斯（Juvenals）[48]。但後期的哈德良、安敦尼、馬可‧奧里略
統治時期，基本上已經沒有什麼出色的作家了。羅馬在科學發明領域上似
乎不怎麼發達，這兩個世紀裡不曾有過數學、天文學、物理學、自然科學
方面的突出成就[49]。我們能列舉的幾位學者僅能總結其繼承希臘先驅的研
究成果：如托勒密是天文學家；蓋倫（Galien）是醫生；老普林尼是自然
博物學家。

　　根據當時幾位作家描述，羅馬官員曾犯下不少罪孽，他們對皇帝卑
躬屈膝，只想過著豪奢的生活，從遙遠的地方運來名菜佳餚、名貴的布
匹和昂貴的珠寶[50]。他們從不設法改善奴僕的命運，奴僕們的生活相當艱
苦。即使如此，官員中也有思想開通的人，元老院中來自行省的議員也
常常保持他們的樸實和誠懇[51]。這些官員中，許多人皆有高貴的情操，從
安敦尼王朝的皇帝及他們的官員身上可見一斑，例如小普林尼把比提尼亞
（Bithynie）管理得很好，而且在其故鄉開辦了一所學校[52]。

　　羅馬的將領不斷地在東方征戰，四處掠奪希臘藝術品，運回羅馬城。
羅馬人對希臘藝術的興趣，透過富人的收藏亦更充分表現出他們對希臘文
化的仰慕。許多定居在羅馬的希臘藝術家，把他們的審美標準帶給了羅馬
人[53]。例如雅典帕德嫩神廟的大理石雕像和列柱式建築，讓羅馬人敬慕不
已，這也促使羅馬人開採卡拉拉（Carrara）大理石，而後羅馬的公共建
築幾乎完全模仿希臘式的建築和雕塑[54]。不過純拉丁的各種藝術文化並沒

---

[48] Malet et Isaac, Rome et Moyen âge, pp. 70-75.

[49] Mommsen Theodor, (Trad. Charles Alfred Alexandre), Histoire de la Rome Antique, Paris: 1863-1872, pp. 126-142.

[50] Grimal Pierre, La Civilisation Romaine, Paris: Flammarion, 1960, pp. 166-177.

[51] Le Bohec Yann, Le Glay, Marcel et Voisin, Jean-Louis, Histoire Romaine, Paris: PUF, 1991, pp. 155-184.

[52] Hinard François, République Romaine, Paris: PUF, 2000, pp. 198-209.

[53] Heurgon Jacques, Rome et la Méditerranée Occidentale Jusque aux Guerres Puniques, Paris: PUF, 1969, pp. 258-296.

[54] J. P. Martin, La Rome Ancienne, pp. 182-183.

有完全消失。

如前所述，羅馬帝國涵蓋歐、亞、非三洲，羅馬是帝國首都，它的文化博大精深，城市富裕繁榮，因而吸引了來自各地方的旅行者，旅行時間可能長達好幾個月，也可能數日，他

圖2-3　雅典帕德嫩神廟
資料來源：劉增泉攝

們依靠羅馬大道上所標示的路標來到了羅馬，儘管路途充滿艱辛，每天又經歷新的煎熬，但到達了永恆之城，彷彿一夕間到了天堂般，所謂條條大道通羅馬，絡繹不絕的旅行者來到羅馬，更增添羅馬的繁榮，而羅馬城三分之二人口來自外地，由此亦可知它的榮光。

第三節 帝國後期的羅馬文化

自西元三世紀帝國面臨危機以來，羅馬社會、經濟及文化逐漸衰落，帝國文明也走下坡。曾經把羅馬社會凝聚在一起的政治和意識形態，此時充滿著矛盾。皇帝變成了獨裁統治，從塞維魯王朝（Severan Dynasty）開始，羅馬皇帝就經常要求軍團與平民公開效忠，於是皇帝成為臣民的主人。羅馬社會原有的價值體系也崩潰了，帝國的軍事和政治的巨大混亂影響社會極為深刻[55]。這是全面性的危機，傳統的社會制度已經崩解，新的社會制度逐漸取代之。

縱使戴克里先（Diocletian）及君士坦丁實行專制力圖挽回，卻因壓迫奴隸更甚，反而使經濟及社會問題日趨嚴重。負債的佃農和奴隸不斷地逃走，他們和城市軍隊裡的逃兵一起結成盜匪，對公共安全構成嚴重的威脅[56]。戴克里先繼承帝位後，逐步將所有權力集於一身，臣民須向他叩首跪拜，把自己提升到前所未有的崇高地位。他的權力較之前任進一步得到加強，且有一個龐大官僚機構和一支軍隊[57]。他雖有意調整、平衡各階層，無奈富人早已享盡優勢，無法接受限制物價的作法，物價受到哄抬，黑市交易熱絡，人民生活也更加困難，這與戴克里先欲解決人民經濟困難的原意背道而馳，這個政權逐漸將自己與羅馬社會隔離[58]。因此他的權力系統逐漸走上了自取滅亡的道路，由於不能真正了解升斗小民之所需而失敗。

君士坦丁雖力挽狂瀾改造社會，卻依然忽視，甚至更加欺壓奴隸，導致上層階級與下層人民的對立，人民紛紛起義或革命，因而決定了帝國再

---

[55] Idem.

[56] Idem.

[57] Idem.

[58] G. Pierre, L'Empire Romain, Paris: Fallois, 1985, pp. 212-231.

度走向東、西分治，加速西部帝國的敗亡[59]。帝國自從西元三九五年分裂為東、西兩部分之後，它的崩潰就已經在劫難逃了，東部的社會環境相對優渥，蠻族的威脅也不那麼大，因此得以倖存下來。

羅馬帝國社會中，影響最大的是奴隸問題。早在共和時期，國家便允許農民依附於土地之上，希臘化時期，人民更加視田產為生存的依靠[60]。西元二世紀起，帝國政策有了重大變化，農民必須以實物取代金錢繳納田租，將農民固定在農地上，不能離開或休耕，農民失去了自主權，此時政府無能、社會混亂，百姓只有群起反抗[61]。他們集結士兵，成立自衛軍團，共同對抗大地主或富有者的壓迫，西元三世紀，羅馬社會開始大規模的動亂。許多記載都指出下等階層受壓榨的情形，義大利的一個強盜首領布拉（Bulla）說，許多奴隸因為奴隸主不給他們食物[62]，遂從主人那裡逃走並加入強盜集團。

西元三三一年君士坦丁頒布禁止農民逃跑的法令，逃跑者將處以重刑，這更使農民苦不堪言，造成更多的佃農只能依附於地主[63]。除此之外，農民必須將收入的三分之一交付給地主，三分之一繳交土地稅，這些都須以實物繳交，其他還有運輸實物稅及服徭役，如維修道路等[64]。農民生活艱困，他們是農奴制度下的犧牲者。

西元四世紀以後的皇帝皆沿襲君士坦丁的政策，農民一直陷於苦境，這些暴君規定各行省必須按時繳交嚴苛的賦稅，由各行省或各自治市議員擔保，若無法徵齊或如期上繳，擔保人將被處死，議員往往因此逃亡他

[59] P. Petit, Histoire Générale de l'Empir Romain, Paris: Seuil, 1974, pp. 222-245.

[60] P. Veyne, L'Empire Gréco-Romain, Paris: Seuil, 2005, pp. 281-296.

[61] Edward Gibbon, Histoire de la Décadence et de la Chute de l'Empire Romain, 1984, pp. 125-141.

[62] J. P. Martin, La Rome Ancienne, pp. 290-294.

[63] Idem.

[64] Idem.

鄉[65]。甚至成爲農奴以求逃稅或免除刑罰。

　　政治衰敗是經濟下滑的主因，西元四世紀時，只剩下一些依附於地主的孤苦農民，自由農早已隨法令政策消失殆盡。他們只能永遠依附於租地上，並按時納稅，整個帝國經濟因而開始倒退，呈現負成長[66]。首先農業開始出現萎縮之勢，進而受影響的是手工業，由於大批奴隸在經濟蕭條下失業，因此城市手工業及各行業趨向衰微，經濟的惡性循環也導致物價上漲，帝國經濟開始崩潰。上層階級享受浮華奢靡，西元四世紀時假日又增加近三倍之多，但一般民眾卻度日如年[67]。帝國的衰敗也導致了文化藝術的全面衰退。

　　羅馬帝國後期，貧困和政治壓迫如影隨形地伴隨著人們。過去城市的上層階級是羅馬統治制度的受益者，但西元三世紀之後也開始在經濟、社會和政治等各方面淪爲低下階層[68]。因此，後期的羅馬帝國，生活上完全無憂無慮的上層階層只是極少數。

　　西元三世紀到五世紀，由於帝國經濟不振，許多羅馬人已不再以身爲羅馬人爲榮，最後竟羨慕蠻族人民的自由、不受外物束縛而講求人道，可見帝國末期的人們面對物質困難情況下，對藝術文化已不再有閒情及心力[69]。深入心靈的基督教信仰取而代之，它不但可求得心靈的慰藉，對人們而言也較爲實用，古典文化因而逐漸沒落。

　　唯有古希臘文化稍有復興，史學方面有狄奧·卡西烏斯（Dio Cassius，西元一五〇至二三五年）曾撰寫羅馬史，記述古羅馬至塞維魯王朝的史事；文學方面有里巴尼烏斯（Libanius，西元三一四年至三九三年）

---

[65] B. Christophe, La Noblesse de l'Empire Romain. Les Masques et la Vertu, éd. Champ Vallon. Seyssel, 2005.pp. 178-198.

[66] J. P. Martin, La Romo Ancienne, pp. 319-325.

[67] Breaugh Martin, L'Expérience Plébéienne, Une Histoire Discontinue de la Liberté Politique, pp. 52-69.

[68] Melet et, Isaac, Rome et le Moyen âge, pp. 85-90.

[69] Idem.

在眾多書信及著作中傳達文化修養，深入修辭學研究[70]。另一方面，基督教文學和神學隨基督教的興起而發展，西元四世紀時以亞歷山大城的克雷蒙（Clément）、西皮安（Cyprien）、泰爾特里安（Tertllien）、奧瑞埃那（Origène）最爲活躍，這也有助於將文學與宗教合而爲一[71]。哲學方面，值得一提的代表爲亞歷山大城的普羅汀（Plotin，西元二〇四年至二九六年），他自創「新柏拉圖主義」（Neuplanismus），結合了基督教及東方印度、波斯文化的精華，進而融合柏拉圖、亞里斯多德及畢達哥拉斯的學說思想，強調一種放射力量（Emamation）[72]；他認爲享樂和富貴如夢幻泡影，一切終將歸於零，故應善用一種屬於自我的放射力量，放射出世界靈魂（Weltseele），然而世界靈魂必回歸於善源，合而爲一，這種進步的宗教哲學思想深深影響基督教思想。

羅馬注重公民的教育，羅馬人在十一、二歲時便接受專業教育，培養建全的人格。一般教師的學識都很淵博，例如德米西尤斯（Thémistius）曾受僱於君士坦丁（Constance）、瓦朗斯（Valens）和狄奧多西（Théodose）；里巴尼尤斯（Libanius）除了倡導「人道主義」，更善於演說，他留下大量書信供知識界參考，他也是朱里安（Julien）時期的名師[73]。此外，著名的教師不乏來自行省的優秀人才，位於高盧的瑪邁爾旦（Mamertin）及巴卡居斯（Pacatus）就曾使用拉丁文寫作；又如伊梅瑞尤斯（Himerius）和德米西尤斯（Thémistius）也曾使用希臘文寫作。

此時期也是詭辯學派盛行之時，尤其是西元四世紀時，強調詭辯學教育，融入東方教育的精髓，包括敘利亞的安提阿（Antoche）、埃及的亞歷山大城、君士坦丁堡、高盧的歐坦（Autun）、波爾多及義大利的米

---

[70] P. Petit, Précis d'Histoine Ancieen, pp. 335-348.

[71] Idem.

[72] Idem.

[73] Idem.

蘭[74]，它們皆爲詭辯學派盛行地區。

羅馬藝術發展至晚期，技藝與寫實技巧都呈現退步現象，大多毫無生氣可言，僅爲表現而表現，以雕刻爲例，凱旋門上的浮雕僅剩枯燥、呆滯，不見前期藝術的大方、沉穩。

塞維魯凱旋門的風格和特色已大不如前，它立於羅馬廣場的東北方，以雄偉著稱，拱門兩旁有浮雕裝飾，可惜缺乏巧思，內容一無可取，面無表情的士兵列隊行進，只凸顯出塞維魯的軍事戰功，毫無藝術之美，建築雖堅固耐用，但卻無情感的表現[75]。其後將近五十年的動亂，直到戴克里先時期，藝術方面才有新的發展。

君士坦丁時，羅馬才又興建凱旋門。君士坦丁凱旋門位於哥羅賽姆（Colosseum）羅馬大競技場旁，君士坦丁戰勝馬克森斯（Maxentius）後，元老院及人民爲顯示其功勳，於西元三一五年興建這座壯觀宏偉的凱旋門，它使用三門拱，襯以科林斯柱式，柱頂有浮雕裝飾，卻是取自馬可‧奧里略凱旋門上的作品；科林斯柱也是模仿圖密善（Domitianus）時期的作品，人物立像也是圖拉眞紀念柱的風格，只有圓型浮雕爲君士坦丁大帝時期創作，但手工粗糙，較無特色[76]。兩個橫幅上的浮雕描述皇帝向眾人發放救濟糧食與發表演說的情景，不但毫無創意且過分拘泥形式，雕刻技藝也大不如前，古典藝術注重靈活及富於變化的風格也消失殆盡。

繪畫方面則呈現複雜變化，從塞維魯王朝起即已背離古典傳統，投向了現實主義，以加利安（Gallien）、朱里安（Julien）的肖像畫爲代表[77]；之後爲了誇顯雄偉的效果也因而失去原本質樸實在的性質，直到狄奧多西時期（Théodose）羅馬的畫像及肖像，又彷彿重現清新脫俗的風

---

[74] Idem.

[75] Idem.

[76] Idem.

[77] Idem.

格，這時繪畫風格已是追求一種拜占庭式的特殊表現手法。

公共建築方面最著名的是公共浴池。奧古斯都時已有最早的公共浴池，但戴克里先（西元三〇二年至三〇五年）繼尼祿、提圖斯（Titus）、圖拉眞之後，又修建了當時規模最龐大的公共浴池，它占地四萬多坪，可容納三千人同時沐浴，它現今爲羅馬國家博物館[78]。卡瑞卡拉（Caracalla）所建的公共浴池規模稍遜，曾多次被焚毀，但歷次修建後氣勢更加宏偉；占地三萬多坪，可容納一千五百多人使用；建築物強調雄偉高大，形式簡單，卻忽略和諧的美感，古典時期的精巧風格也已不復見。

古典文化逐漸消退之際，另一種文化則趨於勃興。隨著政局混亂，理性與法治崩潰，文化素質衰落，基督教藝術更獲得人民青睞，它的發揚光大也代表著古典文化的徹底沒落，不過卻是中世紀宗教藝術的基石[79]。西元四世紀，基督教文化廣布於羅馬，教堂如雨後春筍般出現在各地。教堂建築有兩種形式：一是受東方傳統文化及東方宗教的影響，以圓形或圓屋頂下希臘十字型的結構，稱爲「向心式」，強調神聖及中心信仰；另一種則是平面的天花板，模仿羅馬大會堂的長方形空間，稱爲「巴西里卡（Basilical）式」[80]；牆面有浮雕及馬賽克鑲嵌藝術，多以基督宗教故事爲題材，莊嚴而肅穆。

基督教歷經打擊迫害後再獲新生，教會文化的精神明顯覆蓋古典文化，自西元三九二年羅馬皇帝狄奧多西禁異教以來，大量摧毀古典文化，從此以基督教文化爲尊，象徵另一個新紀元的開始[81]。到了西元六世紀，羅馬城早已不再是帝國首都，已經荒廢，人口也只剩下五萬人，羅馬廣場成爲牧牛、牧羊的地方，城內斷垣殘壁，一片荒蕪，不再吸引旅人，有錢

---

[78] Melet et, Isaac, Rome et le Moyen âge, pp. 75-80.
[79] P. Petit, Précis d'Histoire Ancienne, Paris: PUF, 1986, pp. 334-347.
[80] Idem.
[81] J. P. Martin, La Rome Ancienne, pp. 331-340.

人也住到鄉村去了，至此羅馬繁華褪盡，榮光不在。

第三章　古羅馬拓展疆域與旅行關係

第一節　羅馬征服義大利

　　羅馬人之所以能夠成功主要歸功於軍隊。羅馬沒有常備軍，因此承平時期並沒有士兵，一旦戰爭爆發，所有十七歲至六十歲的公民都會被動員起來，只有無產者免除兵役[1]。元老院負責調配兵員的數目多寡和編制，執政官則選取確切的新兵額數。

　　西元前三世紀時，軍團的編制是三百騎兵和四千兩百步兵[2]。士兵們分為一百二十個人的連隊，防禦性部隊的裝備有護胸甲、頭盔和盾牌；攻擊部隊的裝備則是配劍和標槍，軍團由公民組成，但軍團之外還有由聯盟的城邦組成的分遣隊[3]。

　　戰爭時，士兵們排成三列隊，年紀較輕的士兵排在最前頭，年紀大的則在後面，每天晚上軍隊安營紮寨，營寨有壕溝、圍牆與柵欄護衛，彷彿一處牢不可破的堡壘[4]。羅馬軍隊藉此防禦任何突襲和攻擊。

　　軍隊由兩名執政官統領，首席將領掌管軍法，即使輕罪也會受到嚴厲的懲罰，獎勵方面則包括獎章和榮譽徽章、手鐲和頭冠等，對於勝利軍隊的最高獎賞，是獲得元老院批准舉行的「凱旋儀式」，全軍全副武裝進入羅馬城[5]。從集會廣場遊行至卡匹托勒山丘上的朱庇特神廟。

　　羅馬雖然不乏傑出的將領，但軍事勝利主要在於吸取敵人之長與完善的軍事組織，這也是它的力量所在。尤其羅馬人的愛國精紳，他們最神聖的事情就是熱愛祖國，最恥辱的則是屈服於外族統治。羅馬人曾遭受嚴重的軍事失敗，但幾乎從未有人逃跑，因此即使軍事失利也不會元氣大

[1] A. Piganiol, La Conquête Romaine, p. 100.
[2] Melet et, Isaac, Rome et le Moyen âge, pp. 24-27.
[3] Idem.
[4] Idem.
[5] P. Petit, Précis d'Histoire Ancienne, pp. 205-217.

傷[6]。例如西元前三九〇年，羅馬軍團遭到高盧人布倫努斯（Brennus）的襲擊，羅馬人想在台伯河的一個小支流阿利亞河（Allia）處予以阻擋，但最後被高盧人消滅了。高盧人順利進入一座毫無防守的城市，城裡所有貴重物品都被搶掠一空[7]。此時只有卡匹托勒山丘倖免，最後布倫努斯滿載著羅馬人獻出的財物凱旋而歸。西元前三二四年，第二次薩莫奈戰爭期間，羅馬的兩個軍團經過卡夫丁（Kfdin）峽谷時遭敵軍襲擊，執政官被迫屈辱投降[8]。然而這兩次戰役的失敗，羅馬人從不洩氣也不承認失敗，這種韌勁終於使敵人精疲力竭。

羅馬從王政時期就已經開始征服義大利半島，西元前三世紀初，羅馬對鄰近城邦發動一連串的戰爭，在向外征服的意志下，羅馬不斷地向外擴張。兩個半世紀裡（西元前五〇九年至西元前二七〇年），羅馬人征服了義大利，這是一場緩慢而艱苦的過程。羅馬在伊特拉斯坎國王統治時期，即控制了拉丁姆平原，驅逐了伊特拉斯坎國王之後，羅馬即開始衰落，由於與鄰邦的征戰持續一個半世紀之久，後來才慢慢恢復元氣。大約西元前四〇〇年左右，羅馬人經過十年圍城戰，終於占領伊特拉斯坎人的城市威伊（Veies），使得羅馬人得以開始進據伊特魯立亞平原[9]。幾年之後，卻在阿利亞（Allia）小河旁屈服於一支來自內高盧的軍隊，高盧人洗劫了羅馬人的城市，羅馬城被摧毀，羅馬的威望蕩然無存，而這還不包括人員及物資的損失，高盧人甚至要求一筆龐大的贖金才願意離開，然而，這次失敗也讓羅馬得到相當大的警惕，高盧人的入侵同時給予伊特拉斯坎人致命的一擊，羅馬因此成為義大利各城邦的共同敵對目標，但羅馬很快找到可靠的同盟協助重建，並修築更高更堅固的城牆，這樣，羅馬很快又重新

---

[6] Idem.

[7] J. P. Martin, *La Rome Ancienne*, pp. 34-38.

[8] E. Gjerstad, *Early Rome*, p. 39.

[9] J. P. Martin, *La Rome Ancienne*, pp. 22-31.

恢復[10]。然而高盧人的入侵使得羅馬人在好幾個世紀之後，仍然對這可怕的敵人心有餘悸。

　　西元前四世紀中葉，羅馬的勢力仍在拉丁姆平原一帶，此時雖然已經與亞平寧山脈的薩莫奈人（Samnium）達成了協議，但骨子裡仍然想占領他們，由於坎帕尼亞的卡普亞城不斷遭受亞平寧山脈地區的薩莫奈人之侵犯，因此卡普亞城向羅馬求救，羅馬人展開長達半個世紀的薩莫奈戰爭（西元前三四〇年至西元前二九〇年）。第一次薩莫奈戰爭最終將西蒂城讓給薩莫奈人，並重新締結羅馬與薩莫奈的同盟條約結束（西元前三四〇年）[11]。羅馬人非常不滿意這次的條約，西元前三四〇年羅馬人發動了拉丁戰爭，此戰使羅馬人一方面和薩莫奈人對立，另一方面又與坎帕尼亞人衝突，羅馬獲得了最後的勝利，他同時解散了拉丁同盟[12]。羅馬成為眞正的首都。

　　羅馬人的野心並不止於此，此時，希臘城邦那不勒斯遭到薩莫奈人入侵，亦尋求羅馬人的援助，於是羅馬人派出軍隊，與那不勒斯在平等的基礎上簽訂同盟協定[13]。因此與薩莫奈的協定等於宣告結束。第二次薩莫奈戰爭在西元前三二六年爆發，西元前三二一年羅馬的兩個軍團被薩莫奈人打敗，羅馬執政官被迫屈辱投降，許多同盟開始背棄他，羅馬因而經過了一段非常艱辛的時刻，到了西元前三一四年情況才好轉，於是又採取對薩莫奈敵對的態勢[14]。西元前三〇六年羅馬人終於占領薩莫奈人的首都，雙方再度締結新的同盟關係，但此時羅馬人已經完全控制了那不勒斯和坎帕尼亞地區。

---

[10] R. Bloch, Tite-Live et les Premiers Siécles de Rome, p. 57.

[11] P. Petit, Précis d'Histoire Ancienne, Paris: PUF, 1986, pp. 205-217.

[12] Idem.

[13] Idem.

[14] Idem.

　　第三次薩莫奈戰爭中，儘管薩莫奈人獲得伊特拉斯坎人、高盧人及翁布里亞（Umbria）人支援，最後羅馬仍大獲全勝，西元前三〇〇年，羅馬統治整個義大利中部，開始逐步實現擴張領土的野心及抱負。

　　此時的義大利南部地區，大部分的希臘化城市受羅馬人統治，只有富庶的塔倫特城企圖保持獨立的地位，甚至壟斷亞得里亞海上的貿易，這種意圖使它和羅馬發生衝突[15]。西元前二八二年，希臘城邦之間的爭執讓羅馬有介入的機會，於是派兵駐守塔倫特邊界，對塔倫特人來說這個情勢頗為危險，塔倫特貴族階層一向希望採取親羅馬的政策，此時的情勢發展不得不讓塔倫特感到憂心。西元前三〇二年羅馬人蓄意挑起戰爭，派遣一支船隊故意進入塔倫特海灣，迫使塔倫特人自衛還擊，於是羅馬要求道歉賠禮，卻遭到塔倫特人拒絕，衝突很快地擴大，塔倫特人向希臘的伊皮魯斯國王皮洛斯（Pyrrhus）求助，皮洛斯就是亞歷山大的表兄，西元前二八〇年他以驍勇的騎兵和戰象取得勝利，但也付出慘痛的代價，然而這些勝利卻不具有決定性，於是皮洛斯提出議和的條件，要求羅馬放棄義大利南部，但遭到拒絕。

　　西元前二七九年，羅馬人再一次被打敗，但皮洛斯也傷亡慘重。此時羅馬得到迦太基人的支援，經過一段時期休戰又重新振作，接連打敗薩莫奈人、盧卡尼亞人、塔倫特人[16]。西元前二七八年皮洛斯繼續征戰於西西里及義大利本土時，遭到嚴重的挫敗，最後灰心喪志地回希臘。塔倫特城也旋即於西元前二七〇年投降，整個義大利半島皆在羅馬的統治之下。

　　對於戰敗的城邦，元老院有兩種措施：某些城邦直接被併入羅馬的領土，居民也自然地獲得羅馬公民的權利和義務；另一些城邦則被視為羅馬的聯盟，居民可以保留自己的法律和行政官員，但必須承認羅馬的保護國

地位，它們必須經過元老院的許可才能和外邦開戰或訂盟約，還須無條件提供羅馬軍隊所需的兵源[17]。為了更加鞏固義大利的統治權，羅馬人極力地拓展殖民地、修築道路，事實上殖民地也是其軍事據點。

[17] P. Petit, Précis d'Histoire Ancienne, pp. 205-217.

第二節　羅馬與迦太基的三次布匿戰爭

　　羅馬從西元前二六四年開始已經成為地中海地區的強國，但仍須面對西地中海最強盛的國家——迦太基，其歷史悠久、地域廣大且又富庶。

　　迦太基除了政治結構和法律制度與羅馬不同，還得天獨厚地建立在盛產銀和錫的富裕土地上，依照傳說，西元前八一四年腓尼基人在此建國，由於居民勤勞、地理位置優越，以及受季風保護的良港，使迦太基成為西地中海地區最強盛而富裕的國家[18]。

　　迦太基和羅馬一直以來長期保持著極為密切的關係，直到西元前六世紀雙方關係才趨於疏離，當時迦太基城非常富裕繁榮，尤其當北非沿岸、西班牙、西西里島都先後成為他們的殖民地，迦太基城猶如地中海邊閃亮的珍珠，讓羅馬妒嫉不已。

　　迦太基在西西里島的殖民與希臘人的利益衝突，雙方交戰的結果互有勝負，其間曾經面臨被希臘人占領的危機，但迦太基人最後仍然保住了在西西里島的地位[19]。迦太基的強大主要是建立在陸上軍隊和海上艦隊的基礎上，軍隊主要由傭傭軍組成，而艦隊的水手尤其擁有十分精良的航海與作戰技術。

　　迦太基的政治由商人和貴族操控，權力掌握在元老院的三十人委員會手裡，它制定法令和決定重大國事，另有一百零四人組成的百人會議負責審判和監察，他們的職責是保持城市交通的暢通，以便利貿易和保護他們的財產[20]。從西元前四世紀起，由於農業技術的發展，迦太基也變得更為富強。

[18]　G. Picard, Le Monde de Carthage, p. 129.

[19]　P. Lévéque, Empires et Barbaries, p. 5.

[20]　J. Carcopino, Les Étaps de l'Impérilalisme Romain, p. 61.

　　以利益為最高目標是迦太基的弱點，貴族們自私自利，國家政策缺乏一貫性，文化生活窄隘，加上某些殘忍的宗教教義，以及軍人二心，這些都加速了它的衰亡。

　　羅馬和迦太基曾經聯手對付希臘的伊皮魯斯（Ipiros）國王，但西元前三世紀初，羅馬變得強大，無可避免地與迦太基的利益衝突，也自然而然地產生越過墨西拿海峽的意圖。

　　雙方終於在西元前二六四年對決，史稱第一次布匿戰爭，持續二十多年（西元前二六四年至西元前二四一年），雙方各有勝負。雷古盧斯（Regulus）所率領的羅馬軍團在西西里敗給迦太基將領哈米卡爾（Hamilcar）；迦太基的艦隊卻在海上戰敗，最後屈服求和，羅馬占領西西里島（西元前二四一年），然而島上富裕的希臘城市敘拉古（Syracuse）卻一直沒有被羅馬人占領[21]。

　　雙方簽署和平條約之後，迦太基便忙於應付僱傭軍的反叛，羅馬趁機占領科西嘉島，並成功擊退高盧人，奪取了內高盧的一部分土地。迦太基不甘退讓，尤其是哈米卡爾不願放棄，努力在西班牙建立一個不僅能提供銀和鐵，還有兵源，以便報復羅馬的根據地[22]。他痛恨羅馬人，並把這種仇恨傳給兒子漢尼拔。

　　漢尼拔是古代最偉大的軍事家，成為西班牙軍隊的統帥時年僅二十六歲，為了迫使羅馬人開戰，首先占領一座屬於羅馬聯盟的西班牙城市（西元前二一九年），繼而大膽地將戰場移至義大利本土，呼籲高盧人和義大利人反抗羅馬人的統治。漢尼拔費時五個月跨越庇里牛斯山、隆河和阿爾卑斯山脈，當他最後到達波河平原時，喪失了四分之三的步兵和一半的騎兵，只剩下二萬六千名士兵和二十一頭戰象，但這支軍隊已足夠戰勝羅

---

[21] J. P. Martin, La Rome Ancienne, pp. 84-101.

[22] B. Combet-Farnoux, Les Guerrs Puniques, p. 12.

馬[23]。並使臣服於羅馬的內高盧人分批投奔他的陣營。

西元前二一七年漢尼拔跨越亞平寧山脈，向羅馬方向進攻，他將羅馬軍隊引進到特拉西美諾湖（Tasimene）邊的埋伏地區，行軍中的羅馬軍隊突然遭到閃電般的襲擊而全軍覆沒[24]。此時漢尼拔的軍隊深入義大利羅馬，並逐漸包圍羅馬城，同時呼籲義大利人起義以孤立羅馬，但義大利人沒有任何行動，羅馬則起用一位獨裁官費邊（Fabius）作為軍隊統帥[25]。費邊利用游擊戰術削弱迦太基軍隊，因而從未與漢尼拔發生正面的大規模戰役，但這種睿智的表現卻被人指責為「厭戰」，費邊也因此被元老院撤換[26]。新上任的執政官行事不夠謹慎，他在阿皮利（Apulie）的康奈（Cannes）與漢尼拔展開決戰（西元前二一六年），羅馬軍隊在這次戰爭中遭受空前的慘敗。

此時羅馬危在旦夕，然而漢尼拔亦未敢繼續進攻羅馬城，主要因為羅馬城牆又高又堅固，漢尼拔也沒有攻城所需的物資和器具，因此失去一次大好的機會。康奈一役的戰敗者，羅馬執政官之一的瓦羅（Varron）（他的同袍死於此役）回到羅馬時，元老院不但沒有譴責他，反而表揚他「未對共和失去信心」[27]。羅馬人的愛國主義精神和牢固不動搖的韌勁終於占了上風，因為一方是有聯盟忠誠圍繞的羅馬人，另一方卻只有一個出類拔萃的將領漢尼拔，尤其迦太基政府對漢尼拔的支援不夠，這也注定後來羅馬人勝利主要的因素。

當此危急之時，元老院重新組織軍隊，並招募一些奴隸，也提高羅馬的稅收，加強防禦工事。此時遍布義大利各地區的羅馬殖民地也處處阻礙

---

[23] B. Combet-Farnoux, Les Guerrs Puniques, pp. 13-30.

[24] Idem p. 15.

[25] J. Harmand, L'Armée et le Soldat à Rome de 107 à 50 av Notre ére, p. 11.

[26] Malet et Isaac, Rome et le Moyen âge, pp. 28-32.

[27] Idem.

漢尼拔軍隊的前進。羅馬重新採用費邊的戰略，實行消耗戰，事實證明，這種策略對羅馬有利，不久，羅馬開始發動攻擊，在西西里島上，羅馬人奪取被漢尼拔占領的敘拉古城[28]。在西班牙，一個名叫斯奇皮奧（Scipion）的年輕將領也擊退迦太基的駐軍。然而，西元前二〇七年，漢尼拔的兄弟哈斯德魯巴（Hasdrubal）成功地率領一支救援部隊，從西班牙進入義大利。因此羅馬又一次面臨危機，羅馬極力阻止這兩支迦太基軍隊的會合，而後哈斯德魯巴戰敗，死於墨塔爾河邊（Mtaure）[29]。羅馬人將其頭顱扔到漢尼拔的軍營裡。

戰爭在義大利南部的山區繼續進行，漢尼拔把那裡作爲天然屏障隱蔽起來，爲了結束這種處境，斯奇皮奧建議在非洲本土出擊迦太基人。但由於過去雷古盧斯失敗的教訓，這個提議使元老院猶豫很久，最後他們還是同意斯奇皮奧的決定[30]。此時面臨羅馬進攻的迦太基立刻召回漢尼拔[31]。西元前二〇二年他們在突尼斯的扎瑪（Zama）決戰。斯奇皮奧獲得努米底亞（Numidia）人的支援，最後贏得戰爭的勝利。迦太基被迫接受苛刻的和平條件，除了交出船隊和戰象，並且須償付沉重的賠款，立下誓言若沒有羅馬元老院的允許，將永不參加任何戰爭[32]。迦太基亦逐漸成爲羅馬的附庸，而羅馬也統治西部的地中海地區。

迦太基的戰敗，並沒有讓羅馬人感到安全。前任羅馬將領加圖（Cato Maior），主張**「應該徹底摧毀迦太基！」**加圖曾經是第二次布匿戰爭時的一名士兵，對迦太基人深惡痛絕，由於他的呼籲，元老院終於決定讓迦太基人遭受亡國的悲劇[33]。此時元老院向非洲派出一支軍隊，強迫迦太基

[28] G. Picard, Le Monde de Carthage, p. 128.
[29] Malet et Isaac, Rome et le Moyen âge, pp. 28-32.
[30] P. Lévéque, Empires et Barbaries, p. 5.
[31] M. Grimaud, G. Walter, Hannibal, p. 3.
[32] J. Carcopino, Les Étaps de l'Impérialisme Romain, p. 61.
[33] B. Combet-Farnoux, Les Guerrs Puniques, pp. 12-20.

人從他們的城市撤離，到他處另建立新的城市（西元前一四九年）[34]。

　　此種侮辱性的行徑震驚了迦太基人，他們決心誓死抗爭。在三年的時間裡，他們全力抵抗羅馬人的侵略。最後迦太基的城市被斯奇皮奧‧艾米連（Scipion Emilien）偷襲而毀。艾米連是「非洲人斯奇皮奧」的兒子[35]。迦太基的城市幾乎被夷為平地，其城址亦被詛咒，目的是讓人們再也不能重建（西元前一四六年）。從此迦太基的領土也被畫為羅馬的非洲行省。

[34] P. Petit, Précis d'Histoire Ancienne, pp. 205-217.
[35] A. Piganio, La Conquéte Romaine, p. 102.

第三節　羅馬征服地中海地區

　　「扎瑪勝利」之後兩個世紀裡，羅馬人將他們的統治地區擴大到地中海的周圍，甚至占領高盧，並組成羅馬的十六個行省。這種征服政策主要有兩種因素，一方面是羅馬將領的野心，他們希望榮耀己身，以求得在羅馬扮演重要的政治角色[36]；另一方面是「對金錢的貪婪」，這是他們發財的途徑，因此更促使羅馬人建立新的省分。羅馬人知道，如何使元老院的元老們從中看到自己的投機利益而插手戰爭事務[37]。因此，羅馬的征服行動從某種程度來說是一種「財政措施」，也就是他們視戰爭為發財之途徑。

　　第二次布匿戰爭後期，東方分別由埃及、馬其頓和敘利亞王國所統治。埃及對羅馬構成不了威脅，然而馬其頓對希臘及敘利亞的威脅卻使羅馬的元老院憂心忡忡[38]。西元前一七九年菲利去世，馬其頓新國王百爾修（Perse）即刻和多瑙河一帶的蠻族加強同盟關係，並尋求希臘各城邦的支持，準備再度和羅馬對決，但由於帕加曼和羅馬合作而備感威脅。西元前一七二年末，羅馬對馬其頓不宣而戰[39]。西元前一七一年，羅馬遭到馬其頓的嚴重打擊，希臘一些城邦也加入馬其頓同盟。不久之後，羅馬重新振作，但對百爾修仍是束手無策，此時，希臘的羅德島也積極出面調解[40]。西元前一六八年，羅馬的執政官保羅・艾米爾（Emilie）改變了整個局勢，他以極短的時間在彼得那（Pydna）消滅馬其頓部隊，百爾修投降後即被流放，在囚禁中度過殘生。他原想稱雄希臘，結果失敗，弄得國

[36] C. Nicolet, Rome et la Conquête du Monde Méditertanéen, Paris: Presses Universitaires de France, p. 322.

[37] Idem p. 325.

[38] C. Nicolet, Genése d'un Empire, p. 310.

[39] A. Piganio, La Conquête Romaine, p. 102.

[40] Idem p. 102.

破家亡，成爲馬其頓末代國王[41]。待馬其頓也被羅馬占領之後，負責馬其頓行省的羅馬官員同時監督希臘各城邦。

敘利亞在安提阿庫斯國王（Antiochus）統治時期，又重新征服小亞細亞的以弗所地區，於是他又與羅馬重啓協商，但是帕加曼王國軍力不足以應付敘利亞的攻擊，因此非常依賴羅馬的保護，當然希望羅馬出兵干預[42]。西元前一九二年，安提阿庫斯率軍在希臘登陸，宣稱他願意解放希臘人，此時漢尼拔逃到敘利亞避難，他建議敘利亞和馬其頓的菲利國王結盟，但菲利怕成爲敘利亞的獵物而予以拒絕[43]。西元前一九一年，羅馬人打敗了敘利亞之後，安提阿庫斯亦不得不放棄希臘，此時漢尼拔所指揮的一支敘利亞艦隊也被打敗，他最後服毒自殺。帕爾特人（Parthes）從敘利亞手中搶走波斯及美索不達米亞地區，同時，猶太人也從敘利亞獨立（西元前一四〇年）[44]。最後，羅馬的龐培（Pompe）征服敘利亞（西元前六十三年），從此敘利亞歸屬於羅馬統治。

西元前一五九年，小亞細亞的帕加曼王國國王歐邁尼斯去世，繼承者阿塔羅斯二世（Attalus）與羅馬繼續保持聯繫，西元前一三二年養子阿塔羅斯三世繼位，他留下一分遺囑將王國送給羅馬，帕加曼成爲羅馬的亞洲行省（西元前一二九年）[45]。但不久，羅馬卻遇到強勁的對手，即是占有小亞細亞北部海岸的米什拉達特（Mithridate），其國王極具野心，夢想統治整個東方。三十年後，羅馬才將其打敗，並占領他的國家（西元前六十三年）。然而當羅馬人想繼續從波斯人手中奪取美索不達米亞時，卻

---

[41] C. Nicolet, Rome et la Conquête du Monde Méditerranéen, Paris: Presses Universitaires de France, 1979, p. 303.
[42] Idem p. 300.
[43] Idem P. 312.
[44] P. Petit, Précis d'Histoire Ancienne, pp. 225-235.
[45] J. Heurgon, Rome et la Méditerranée Occidentale Jusqu'aux Querres Puniques, p. 26.

遭到空前的慘敗（西元前五十三年）[46]。羅馬的士氣也受到重挫。

羅馬發動的第三次布匿戰爭導致北非迦太基陷落，西元一一八年努米底亞和羅馬之間的矛盾不斷擴大，努米底亞的王子朱古達（Jugurtha）長期周旋於騎士之間，常常用重金賄賂政客和外交官，最後竟能牽制羅馬的北非軍團。西元前一〇六年雙方爆發戰爭，羅馬將領蘇拉以重金收買朱古達的岳父包古士（Bocchus），使戰事早早結束。西元前一〇五年朱古達被羅馬執政官馬略（Marius）擊敗，其王國後來形成羅馬的努米底亞行省[47]。其後不久，埃及也被占領（西元前三十年）。此時伊比利半島被分配給戰爭中有功的羅馬官兵，但他們對人民不重視，因而造成許多反抗，其中以克爾提貝爾人（Celtiberes）和盧西塔尼亞人（Lusitaniens）為最，揭竿起義的英雄是盧西塔尼亞的牧羊人維瑞亞特（Viriathe）[48]。西元前一三七年，他們迫使羅馬執政官莫西奴斯（Mancinus）投降，羅馬聞此消息，立刻派遣非洲人斯奇皮奧展開征服西班牙的行動，斯奇皮奧以六萬兵力對付克爾提貝爾的反抗隊伍一萬人，最後因為饑荒，克爾提貝爾被迫投降。然而這個地區仍然不平靜，西元前一一二年這兩個部落大舉進攻羅馬在東阿爾卑斯山的軍隊，並進入高盧地區[49]。西元前一〇五年他們在阿格津地區再度擊敗羅馬軍團。

西元前一〇二年，馬略率領大軍和兩部落決戰，最後終於征服此地，克爾提貝爾人和盧西塔尼亞人被屠殺了十萬人，羅馬再次恢復統治，但也留給被征服者無法抹滅的傷痛[50]。西元前七十二年龐培終於拿下整個半島，西班牙戰爭持續了兩個世紀之久。

[46] E. Gjerstad, Early Rome, p. 39.

[47] P. Petit, Précis d'Histoire Ancienne, pp. 205-217.

[48] J. P. Martin, La Romo Ancienne, pp. 33-38.

[49] F. C. Bource, Ancient Roman Stasutes, p. 9.

[50] J. Carcopino, Les Étaps de l'Impérilalisme Romain, p. 61.

　　羅馬人征服外高盧可分成兩個階段，當羅馬人占有一部分義大利的疆域時，他們就奪取（西元前一二〇年）高盧的東南部，這一部分聯結著義大利和西班牙，羅馬人在那裡建立那博納省，主要城市有埃克斯（Aix）和那博納（Narbonaise）[51]。但那博納省才剛建立就被日耳曼蠻族入侵破壞〔日耳曼蠻族包括辛布里人（Cimbri）和條頓人〕。羅馬的執政官馬略在埃克斯附近和波河平原，曾先後兩次擊退日耳曼（西元前一〇〇年）。高盧的部分地區則被凱撒（西元前五十八至五十一年）占領[52]。凱撒征服高盧導因於日耳曼人入侵高盧，當地一個國王向羅馬求援，那博納省總督凱撒允諾幫助高盧人抵抗日耳曼人的侵略，他率兵進入阿爾薩斯（Alsace），將日耳曼人驅逐到萊茵河彼岸（西元前五十八年），由於征戰的順利，占有欲也隨之升起，最後征服整個高盧[53]。兩年後，自認在高盧已經徹底成功，便跨過萊茵河威嚇日耳曼人，又渡過芒什海峽（Manche）（英吉利海峽）威脅英格蘭的布列塔尼人。

　　然而高盧人卻以臣服他人為恥，不久北部和東北部高盧爆發抗爭，凱撒花了整整一年鎮壓反抗運動，他放火並蹂躪村莊，將居民屠殺或賣為奴隸（西元前五十三年），最後高盧人的抗爭雖然暫時平息，但在凱撒的殘酷鎮壓下，卻更加被激怒[54]。西元前五十二年爆發另一場起義，爭取自由。幾乎所有高盧人都團結在年輕領袖阿爾維爾奧弗涅人（Auvergne）韋辛格托里克斯（Vercingetorix）之下[55]。他既勇敢又有號召力。

　　為了戰勝羅馬人，韋辛格托里克斯決定採用新戰略：他拒絕交戰，但卻騷擾敵人，並燒掉敵人周圍的城鎮，甚至在城市裡製造荒漠以阻止敵

[51] J. Harmand, L'Armée et le Soldat à Rome de 107 à 50 av Notre ére, p. 11.
[52] Idem p. 12.
[53] A. Piganio, La Conquête Romaine, p. 102.
[54] Idem p. 103.
[55] J. Le Gall, Alésia, Archeology et Histoire, pp. 28-45.

人自我給養。此時凱撒想奪取高盧但卻失敗，羅馬人損失慘重而且被擊退[56]。只得且戰且走，退向那博納地區。

然而高盧人所犯下一個嚴重的錯誤挽救了凱撒，高盧人的騎兵在第戎（Dijon）附近瘋狂地正面撲向羅馬軍團卻被擊敗。凱撒利用機會，回軍驅趕韋辛格托里克斯率領的高盧人至地勢較高的阿萊西亞城（Alesia）中[57]。他嚴密地圍困著高盧人，為了防止敵軍的一切突圍企圖，羅馬軍團完成一項巨大的工程：他們修建兩道防禦工事，一道朝向城市，另一道則朝向城外，高盧被圍困的軍隊和援軍皆在這項工事上被擊潰。韋辛格托里克斯為了救出部屬而自我犧牲，他以自己的名義向凱撒投降（西元前五十二年），不久便被監禁[58]。六年之後，當凱撒凱旋回到羅馬，即把他給扼死了。

阿萊西亞的陷落標誌高盧戰爭結束。征服高盧，羅馬人只用了八年時間，但卻用了兩個世紀征服西班牙。羅馬征服高盧這一罕見的勝利全歸因於高盧人內部矛盾，羅馬軍團也確實比高盧軍隊更有紀律，尤其歸功於凱撒的軍事天才[59]。最後高盧人一百萬人被殺，一百萬被賣為奴隸，然而高盧卻比其他行省更迅速地羅馬化，不久以後成為羅馬最富庶的地區之一[60]。

除了義大利之外，羅馬人所占領的地區皆被畫分為行省，居民需服兵役、繳納錢糧，賦稅極為沉重，但在不同地區的權利和義務卻有很大的區別。

---

[56] H. P. Eydoux, Monuments et Thésors de la Gaule, p. 44.

[57] J. Le Gall, Alésia, Archeology et Histoire, pp. 21-31.

[58] Idem pp. 25-41.

[59] Malet et, Isaac, Rome et le Moyen âge, pp. 35-37.

[60] Idem p. 29.

第四章　羅馬的經濟狀況與旅遊設施

第一節　經濟狀況

經過多次內戰和對外戰爭，奧古斯都時期的羅馬變得殘破不堪，經濟更為蕭條，因此以發展經濟為重要的指標[1]。當時帝國境內充滿歷年征戰所得戰利品，尤其是對西西里的征伐，促使羅馬的勢力更進一步推向該處，帝國境內因而充滿大量西西里勞工。羅馬人也因戰爭的順利進展，相對地使殖民活動非常活躍。

此外羅馬對外征伐順利，版圖相對擴大，進而所統治的省分也愈來愈多，這些外省也為羅馬本土帶來一定的經濟利益，促使羅馬建立相當的經濟基礎。羅馬人採取的措施是向外省出售本土生產的產品，再用低價購買當地的原料，這種優越的條件使得羅馬的經濟蓬勃發展，並持續兩個多世紀[2]。這其實是一個不平衡的經濟繁榮期。

每一次出征、每一次版圖的擴張，都為羅馬帶來新的貿易機會，羅馬人對於農業或礦業財富的貪婪永遠無法滿足。根據新建省分的具體情況，外省購買義大利或希臘製的產品，羅馬的經濟交流也顯然先於帝國的建立。羅馬共和時期由於領土的擴張，改善了羅馬的經濟情況，羅馬帝國時期疆域更為寬廣，對羅馬商業的發展當然也有正面的意義，義大利地區進入空前未有的繁榮。羅馬學者汝迪南（Nundina）表示，當時各種市集和聖地都擠滿人潮[3]。尤其是羅馬的宗教節日吸引許多的商人。

此時，人們在非洲種植小麥、在西班牙開礦，各種貨品不斷地運往羅馬本土。義大利地區的葡萄酒直接銷售到英國、西班牙、非洲等地。羅馬以強大的軍隊作後盾，帝國境內也呈現和平狀態，對於羅馬經貿發展產生

---

[1]　Suetone, Vies des Douze Césars, Auguste, TI LI XXX.

[2]　A. Aymard, Rome et Son Empire, Paris: PUF, 1966, pp. 143, 304.

[3]　Idem pp. 143, 304.

良好的影響[4]。羅馬將領龐培對於這種「和平」更不遺餘力地維護，各處的盜匪活動收斂許多。此外羅馬各朝代的皇帝也都加強經貿上的活動。

各朝代皇帝極力擴張帝國的公路系統，西元二世紀中葉，羅馬的公路系統已非常完善。羅馬帝國公路系統的發展，對商人而言自然便利，戰備公路被修建以便進一步的征伐，正常貿易隨著新的條件而發展。這些公路具有十分重要的戰略意義，公路優先被視為軍隊調動的便捷要道，對於攜帶行李的旅客以及傳遞政府文書的信差而言，便利的交通讓他們節省不少的時間，這種公路系統猶如蜘蛛網般廣布在帝國境內[5]。相當程度地加強了羅馬的中央集權統治。

此外，義大利的奧斯蒂亞港、那不勒斯港及埃及的亞歷山大港、東方的君士坦丁堡等各個羅馬港口也有很大的貨物吞吐量，這些港口通常又大又深，即使以今天的角度來看，港口設施也確實達到相當的水準。帝國境內港口的便利，相對地促使海上運輸及海上交通更加活躍。羅馬帝國全盛時期的地中海成為內海，因此使得羅馬人的海上貿易更是無遠弗屆，即使在遙遠的小亞細亞地區，羅馬商人依然絡繹不絕地在愛琴海上往來，羅德島更是極盛一時，後世的西方史學家甚至將羅德島（Rhodes）與文藝復興時期義大利的威尼斯媲美[6]。當然也由於便捷的海上交通，促使原本已經比陸路便宜的運輸成本，更進一步降低。

這一時期羅馬帝國的經濟可謂蓬勃發展，然而這種經濟活動並不限於帝國的境內，在北非地區有羅馬軍隊駐守，隨著軍隊而來的眷屬在營區四周也逐漸形成市集中心，一些軍營所在地後來甚至成為蠻族經商者的出發

---

[4] J. Rouge, Recherches Sur l'Organisation du Commerce Maritime en Meditéraneé Sous l'Empire Romain, Paris: PUF, 1966, p. 371.

[5] P. Petit, La Paix Romaine, pp. 145-149.

[6] J. Rouge, Recherches Sur l'Organisation du Commerce Maritime en Meditéraneé Sous l'Empire Romain, p. 371.

地，由於這些蠻族受羅馬軍隊保護，因此商人可以發展他們的大宗貿易。此外，雖然在北非的一些邊境地區有許多城堡防禦的防衛組織[7]；現今德國萊茵河區在沿河岸間也構築不少壕溝及城堡、柵欄等軍事工事，但並不影響羅馬與邊境地區的經濟往來，反而由於地處邊境，更能突顯邊境貿易的繁榮景況[8]。歐洲許多大城市如漢堡、海德堡、薩爾斯堡、史特拉斯堡等皆是由邊境貿易活動逐漸演變成今日的大城市，「堡」即是羅馬帝國時期邊界據點的所在。商人大量進口廉價商品，使得各港口四周做小買賣的生產者毫無利潤可言，於是部分經商者開始利用羅馬的廉價勞工，開發義大利內陸的土地。掮客與業主各取所需，利益均攤，由於積聚的財富愈來愈多，也因而逐漸地奢華起來。

他們大肆購買湧向羅馬的各種各樣奢侈品，結果卻使羅馬成為一個大消費中心。羅馬的消費量不斷地增加，促使義大利的羅馬商人為了商業利益，將被征服地區的商品運回羅馬販售；被征服的各行省商人也來到義大利經商，他們把羅馬的商品運回其行省販售，這種商業經貿的交流促進了各地區的繁榮[9]。不過這種環境卻未能使帝國西部行省的貿易更蓬勃發展，尤其是在地中海沿岸，這類貿易活動並不是非常活躍，而且帝國東部行省始終使用希臘語為主，儘管在經濟上沒有明顯的阻隔，卻已形成貿易上一定程度的不便與困擾。

在此情形之下，一些羅馬商人更積極地在地中海沿岸的拉丁語地區從事商業活動。他們甚至更進一步將希臘語東部行省的產品運回羅馬，以求最高的利潤。另有一些羅馬商人則遠至邊界外從事商業活動，邊界外的日耳曼蠻族居住之處有許多羅馬商人活躍其間[10]。自由經商與厚利，誘使這

[7]　P. Petit, La Paix Romaine, pp. 174-181.

[8]　Idem.

[9]　P. Petit, Le Premier Siecle de Notre ere, 2eme Edition, Paris: Armand Colin, 1968, p. 17.

[10]　Idem p. 19.

些商人直接前往產地尋找羅馬需要的商品。

西元一世紀末期，羅馬帝國的經濟結構已有所改變，雖然農業仍是主要的經濟基礎，農民仍從事農耕活動，但他們似乎已經不再像共和時期一樣，那麼迷戀土地[11]。人們追求的興趣也發生了變化，羅馬人開始透過許多途徑享受奢侈的生活。

西元二世紀，經濟發展也帶來多樣性的商業性組織。例如商人行會、手工業者行會、運輸業者行會。這種相互合作形成的職業性組織在義大利地區尤為盛行[12]。至於非洲和其他行省則不十分明顯。

羅馬帝國時期，貨幣是政府控制政治的一種手段，貨幣本身必須有支付的價值，且須被人們接受。日常生活中貨幣也成為主要的金融交易，遠方的交易也以貨幣償付[13]。這些金融活動促進了羅馬商業發展。

羅馬的貨幣在當時已經成為通用貨幣，為使羅馬境內的貨物流通。西元前十二年，羅馬的貨幣鑄造由元老院控制，但之後便由羅馬皇帝直接控制。西元十五年屋大維在里昂曾經建立一座工廠鑄造金銀等貨幣[14]。但在羅馬的東方行省，如敘利亞及其他的亞洲城市，則仍然鑄造只供當地流通的貨幣。

屋大維時期，由於西班牙的金礦與銀礦開採，使得羅馬市面上的貨幣大為流通[15]。一種新興行業也隨之產生，此即銀行業。無論公、民營銀行都接受大筆的貨幣買賣。在羅馬海關的嚴格控制下，各行省的貨幣需兌換成當地流通的貨幣，換言之，各種形式的貨幣使貨幣交換商居於重要的地位。隨著商品交易的活絡，更加使貨幣流通無遠弗屆。考古學家在昔日羅

---

[11] Idem p. 17.
[12] C. Nicolet, Rome et la Conquête du Monde Meditérranée, TT. Les Structures de l'Italie Romaine, p. 25.
[13] Idem p. 37.
[14] P. Petit, Histoire Générale de l'Empire Romain, p. 55.
[15] Idem p. 55.

馬帝國境內不斷發現羅馬時期的貨幣，給我們提供古代羅馬的商業與交通狀況的直接證據。

羅馬廣場猶如現代巴黎的戴高樂廣場，前者有八條大道通向外省，後者十二條大道。此外，羅馬廣場上矗立一塊石碑，刻著與歐、亞、非三洲各大城市間的距離，其中一條即是通向東方之路。自大舉征服之後，羅馬人奢侈風氣漸盛，貴族和富人穿著華麗的絲綢，於是通往中國的絲綢之路於焉展開[16]。

早在西元前一二〇年，中國就已知曉西方世界有一個強大的大秦（羅馬）帝國，中國的絲綢商品透過安息商人賣到羅馬首都（義大利羅馬城），絲綢的價值和黃金一樣，羅馬人對中國絲綢的需求量很大、利潤又高，絲綢成爲了西方人大批前往中國的誘因[17]。羅馬人對中國的商貿之旅又如何的進行呢？首先我們先從陸路開始探討。

從拜占庭出發後，通過黑海，經過帕提亞北部，再乘船度過裏海，穿過貴霜王國後就到達中國的邊疆塔克拉馬干沙漠，之後一路往

圖4-1　甘肅永昌縣驪軒亭

資料來源：劉增泉攝

下走就是中國的河西走廊，過了河西走廊就到長安[18]。這是羅馬北方的道路，這條道路有一個好處，就是可以避開死敵帕提亞人，走這條路或許

---

[16] Pline L'Ancien, Histoire Naturelle, L VII XX, p. 206.

[17] Strabon, LV, 2, 10.

[18] C. A. Mazaheri, La Route de la Soie, Paris: Fayard, 1983, pp. 45-61.

會讓羅馬人比較安心，西元前六十五年龐培曾經沿著這條路追擊米什拉達特。當然，走這條路並非完全沒有風險，但羅馬人的公關做得很好，他們早已和高加索地區部族首領們建立友好關係。另一條路則在南方，從安提阿出發後，經過帕提亞王國的索格底亞那地區，再到達印度河、恆河，乘船度過馬六甲海峽，經越南來到中國[19]。

其實，羅馬人最喜歡的一條前往中國的路線被波斯人控制，這條路在波斯國王居魯士的細心經營下，成為最安全的道路，居魯士在沿途設置哨所、旅店和巡邏的軍隊[20]。這條路由兩河流域的巴爾比拉（Barbira）通向波斯的蘇薩、德黑蘭，再經巴克特拉（Bactla），再取道羅珊省（Khorasan）到達中國。

旅行者多少會在上述經過的城市停留，休息幾天之後再繼續下一段旅程。尤其是巴克特里亞（Bactria，大夏）這個重要的亞洲門戶，它位於今天的阿富汗北部地區。羅馬帝國時期這裡是中亞的富庶王國，由於戰略地位重要，古代亞述、馬其頓和波斯帝國都曾想占據這塊處女地，但巴克特里亞的豐饒土地、防衛森嚴的城市和強大的武力，確保它立於不敗之地[21]。這個小王國沿阿姆河（Amu Darya）谷地延伸，也就是從現在的北部阿富汗到塔吉克共和國交界的地方。

位於崇山峻嶺之中（薩爾山脈、興都庫什山、帕米爾高原）的道路是在岩壁上開鑿出來的，猶如今日臺灣的橫貫公路，旅行者走在彎曲的峽谷上，常常會見到道路上方突出的巨大岩石似乎要崩落，險峻的道路讓人無暇欣賞壯麗的景色，旅行者祈求能平安度過。冬季道路被風雪阻擋，但有的時候旅行者還是得冒險通過懸崖峭壁、九拐十八彎般的道路，加上旅行

---

[19] Strabon, LV, 2, 10.
[20] Boulnois L., La Route de la Soie, Geneve: Press Geneve, 1986, pp. 45-54.
[21] Idem pp. 87-97.

者頭頂上方的岩石，構成了一幅美麗蒼勁的大自然畫面[22]。對旅行者而言這麼美好的風景，就是最大的恩典。

巴克特里亞有一條運河，水源來自地層中碎石下的河床，人們開挖水渠引水耕作，形成一塊土地豐美之地。西元一世紀，從中國運送到羅馬的生絲等商品以及印度的棉織品、香料、象牙、珍珠、鐵、亞麻和羊毛織物、珊瑚、琥珀、葡萄酒等都在這個地方集散，從羅馬運往中國的金、銀餐具也集中在這裡，巴克特里亞眞是古代東西方道路的樞紐[23]，也是古代東西方最大的市集。

旅行者離開巴克特里亞之後，會在石塔落腳休息，這座石塔比較靠近喀什。絲綢之路也會經過這裡。旅行者帶著大量貨物由駱駝、騾子、犛牛等牲畜馱負。笨重的貨物壓著這些牲畜緩步而行，最可怕的是莫過於穿越敵國境內，走在險峻的峭壁小徑，高處四周若有盜匪埋伏，禍福更是難以預料。旅行者走在這樣的艱險路徑裡，只有硬著頭皮前進，絕對不能停下來，因爲高地的氣候變化迅速，晴朗的天氣可能才一會兒的工夫便下起大雪、冰雹，這些不可測的氣候因素都會讓旅行的速度減緩，危險性大增，他們要賺的第一桶金可能就不見了[24]。

沿著陡峭的山壁岩層開闢的小徑，一邊是斷崖，空谷回音、流水聲、鳥啼聲，這些都讓人頭暈目眩，有時載重的犛牛倒下，再也站不起來，一陣喧嘩吵雜之後，隊伍又得前進。崇山峻嶺之中，路面往往結冰，旅行者步步爲營，舉步維艱，一隻駱駝就墜落山谷中，因爲他們忘了在駱駝蹄下墊毛毯[25]。終於翻過了山，天也黑了，旅行者紮營休息飽餐一頓後，翌日繼續趕路。旅途一路平安嗎？那倒未必，因爲前途更爲艱難。

[22] C. A. Mazaheri, La Route de la Soie, pp. 15-26.

[23] Strabon, LV, 2, 10.

[24] Idem LV, 2, 10.

[25] Beaurdeley C., Sur les Routes de la Soie, Paris: Seuil, 1985, pp. 12-20.

　　下一站羅馬商人將面臨更大的挑戰，塔克拉馬干沙漠有「火的沙漠」之稱。他們白天休息，晚上行走。以北斗星座作爲行進的指標，一望無垠的沙漠，走入其中才知道綠洲的可貴，堅硬的路面讓駱駝腳蹄受傷。沿路上許許多多人畜的屍體，反而成爲旅行者的路標，只要「跟著走」就對了，結束沙漠之旅後，就到吐魯番盆地，它眞是沙漠裡的超級綠洲，不但水量充沛，且花木扶疏，綠意盎然[26]。走過苦不堪言的沙漠後，旅行者此時心情豁然開朗，笑聲連連。他們知道過了吐魯番就是玉門關，也就到達中國的大門了。

　　普林尼記錄了一位從錫蘭到羅馬的使者，他描述中國人的形象是：白皙皮膚、臉部稍長、高鼻、藍眼……。實際上他們應該是新疆的維吾爾民族。西元一世紀，匈奴和中國的關係還是很緊張，進入玉門關後就可以看到一座連一座的烽火臺。很多中國士兵以打牌消磨時間，有的士兵和當地女子結婚很自然地落地生根變成屯田移民[27]。旅行者看到如此歡樂的農村景象，不禁想起自己的家鄉，但家鄉是那麼遙遠，他們來一趟中國，多麼地不容易啊！

圖4-2　羅馬對中國人的印象是：白皙皮膚、臉部稍長、高鼻、藍眼……。（甘肅永昌縣）

資料來源：劉增泉攝

　　走過了河西走廊，最後旅行者終於到達長安。因爲路的盡頭有數不盡

---

[26] Strabon, LV, 2, 10.

[27] J. P. Drege, La Route de la Soie, Paris: Marabout, 1986, pp. 15-30.

的財富，一批又一批的旅行者，不畏路途艱險也要完成經商致富的目標。托勒密曾經計算過從敘利亞到地中海的距離，他推測陸路交通可以走到斯基泰人伊塞頓地區（Issedones），也就是今天的新疆和闐[28]。由此可見，羅馬人來到中國雖然千辛萬苦，但「利」字當頭，他們還是勇往直前。

圖4-3　甘肅永昌縣，羅馬人留下的一座城牆（尚未證實）
資料來源：劉增泉攝

---

[28] Strabon, LV, 2, 10.

第二節　公路系統

　　古代羅馬人的旅行並不如我們想像般浪漫愜意。人們出外旅行的主要目的不是爲了遊山玩水，事實上，若非不得已，羅馬人寧願留在家裡也不願外出冒旅途上的危險。

　　西元一世紀前後，隨著向外擴張，疆域甚至包含整個地中海的歐亞非三洲。不同省分的經貿交流相對促使人們必須出外旅行。羅馬人尤其善於利用外省的便宜原料，經過進一步加工之後，再轉售至各行省。因此羅馬人的旅行活動頻繁與政治的強大、經貿的發展有相當密切的關係。

　　此外，我們對羅馬擁有的完善公路系統印象極深刻，所謂「條條大道通羅馬」強調的是羅馬便捷的交通網，羅馬的強大也與綿密的交通網息息相關，無論是軍隊調動、經貿往來或傳送政治指令，皆依賴這些「條條大道」。

　　我們對於羅馬人的旅行甘苦，從文獻中可以獲得一些訊息。首先，遠行前的準備非常重要，甚至在出發前半年就開始籌畫一切必需用品。旅行的危險性很難預知，遇到惡劣的氣候時也往往不知所措，因此，旅行前夕人們通常會到神廟裡祈求旅途平安。

　　無論如何旅行畢竟是少數人的特權，包括一般的政客、商人、神職人員、富有的貴族階層以及詩人墨客文人等。整體而言，羅馬人旅行的活躍也顯示出帝國的強盛，所征服的疆域至今仍讓歐洲人難以超越。

　　第二次布匿戰爭期間，北非迦太基的將領漢尼拔決定大膽地將戰爭移至義大利本土[29]。西元前二一七年漢尼拔的軍隊已經越過亞平寧山脈向羅馬進攻。迦太基軍隊的入侵相對地促成羅馬公路網的建設，他得以在任何季節都能迅速地移動軍隊和軍需品。因此，公路網是羅馬帝國的產物，羅

---

[29]　A. J. Toynbee, Hannibals Legacy, p. 124.

馬人也以迦太基人所修建的公路爲基礎，將道路系統進一步向外延伸，也正是仰賴這個龐大的公路網，才使得軍隊移防和各種旅行得以實現[30]。羅馬公路系統由曾受過土木工程訓練的軍事人員所完成，嚴格的軍事紀律也促使這些軍事建設（公路網修築）更有效率地完成[31]。例如一些通過沼澤地的公路和橋梁，士兵被要求在不得有損軍紀的前提下，不得偷懶逐一完成上級的要求[32]。至於修築公路所需經費，則多半來自帝國向外征服掠奪而來的錢財，因此無論戰功卓著的將領或羅馬皇帝，修築公路似乎都成爲一項任務。西元前二十七年，屋大維便曾親自指揮修復義大利的富拉米尼大道（Flaminia）[33]。一塊爲這條道路所立的路碑記載如下：

義大利——西元前二十七年

元老院與羅馬人民獻這塊路碑給第八次連任執政的奧古斯都皇帝，因為他決定並出資修復了富拉米尼大道和其他義大利最繁忙的公路[34]。

靠近波蘭的地方也發現另一塊路碑，時間大約在西元前二年，其碑文如下：

奧古斯都皇帝、羅馬的大祭司，他連續第十三次執政，新近又征服了第二十二個國家。他親自指揮修築了歷米尼（Rimini）的艾美里亞那（Emilienne）公路直到特立比（Trébie）。第二十九塊里程

---

[30] D`Orgeval, L'Empereur Hadrien, p. 73.
[31] R. Chevallier, Les Voies Romaines, Paris: Armand Colin, p. 10.
[32] Suétone, Vies des Douze Césars, Auguste, TI LI XXX.
[33] Tacite, Ann Carnier-Flammarion, p. 60.
[34] R. Etienne, Le Siècle d'Auguste, Paris: Armand Colin, 1968, p. 257.

碑[35]。

　　事實上，羅馬軍團負責修築公路系統的傳統持續了好幾個世紀，哈德良（Hadrien）皇帝指揮的第三軍團士兵曾經負責修築從迦太基到特維斯特（Theveste）的公路路面[36]。此外他還習慣命令隨軍奴隸修築公路。

　　由考古挖掘可以知道，羅馬人不但向伊特拉斯坎人學會修築具有排水功能的公路，還向克里特島的希臘人學會了鋪設石板路的技術。克里特島上的諾薩斯（Knossos）皇宮被發現有石砌的道路[37]。這項遺產在羅馬人手中改善得更爲完備。

　　帝國時期道路路基的建築方式並沒有明顯變化，首先將平整的石頭堆砌在支架上，然後是第一層粗糙的水泥，其上則是第二層更厚的水泥，最後是礫石或石板的表層。

　　根據帝國的公路修建條款規定，道路寬度不得少於十六尺（四點八公尺），因此羅馬公路建築多半是在四點八公尺到六點五公尺之間[38]。西元前四五〇年，羅馬執政官起草通過的十二條款中的道路法令，「道路寬度限制」是一貫政策，這個寬度可以確保兩輛交會的車能夠錯開，若是單行道也可行。

　　西元前一世紀，義大利西庫魯斯（Siculus）地區的土地丈量員把羅馬道路分爲三個等級：國道、村道、小道。所謂國道正如前面所敘述，是國家爲了戰略目的而建，因此軍隊有優先權[39]；村道與大路相連接，通過田野後，村道即與其他國道交會；小道則是農人去田地所走的道路。

[35] Idem p. 257.
[36] R. Chevallier, op.cit. p. 175.
[37] CDT Lefebvre des Noettes, L'Attelage, le Cheval de Selle à l'Apogée de l'Empire, Paris: Hachette, 1939, p. 64.
[38] J. Carcopino, La Vie Quotidienne à Rome à l'Apogée de l'Empire, Paris: Hachette, 1939, p. 64.
[39] R. Chevallier, op.cit. p. 175.

羅馬公路網的建設在很大程度上受帝國傳統政策影響，財政因素以及自然地形也都構成公路興建的條件。道路的方向儘量避免經過澇災地區，公路也儘量走直線距離以便縮短行程[40]。具有軍事戰略價值的道路則多在邊境的山谷和山區，特別挑選山脊線後面，防止軍隊通過時被敵人發現。

羅馬人精心鋪設的路面使道路便於行走，也造福廣大的平民百姓，因此無論軍隊或軍用品的供應隊、公共信差、商人及一般的旅行者都可以在所有季節行走。國道通常遠離人口密集地區，如同今日的高速公路，遠離都會區以便車輛快速通過[41]。另一方面，道路有時會穿過淺溪或架有拱橋的河川，橋拱則通常從基座一直延伸到礫石鋪成的公路上。

這些公路修築得非常出色，以致於幾個世紀之後，人們仍能看到它們的痕跡。西元前二三八年羅馬已經開始鋪設石板路，西元前一七四年，羅馬的監察官又推廣了這項有效益的技術[42]。然而石板路也有極大的缺點，尤其在上坡或下坡時，使牲畜和平推車煞車時容易打滑，爲了防止煞車時，特別是在潮溼或結有薄冰的路面打滑，車輛必須減少載重[43]。

爲了便於道路的排水，路面一般皆成拱形，但偶爾也因某些路段的彎道太急，打斷了整個公路網系統。各地區的路況不一，有些石板路質量優異，有些則荊棘叢生、泥濘不堪，例如從拜亞（Baies）到那不勒斯（Naples）的路況便是如此惡劣[44]。上述公路卻是羅馬最著名的歷史遺跡，從古至今保持了完整性，說明羅馬士兵的土木工程技術水準相當高。

戴克里先（Dioclétien）時，羅馬的公路總長已達八萬五千公里，共

---

[40] A. Grenier, Essai de Reconstitution du Réseau Routier Gallo-Romain, p. 10.

[41] R. Chevallier, op.cit., p. 76.

[42] Idem p. 76.

[43] H. Polge, L'Amélioration de l'Attelage a-t-elle Réellement Fait Reculer le Servage? Journal des Savants, 1967, p. 28.

[44] Suétone, op.cit., Tibère, TII LIII LX.

有三百七十二條公路[45]。正由於羅馬皇帝非常關注公路的修建問題，隨著羅馬向外征服擴張，公路也不斷向外延伸。事實上，一個優質且有效率的公路網，確實是帝國國力的重要條件。

一、義大利的羅馬公路

羅馬的公路通常以帝國的行政官員之名命名，例如西元前三一二年所建、羅馬當時最繁忙的公路阿匹安大道（Via Appia），即是以阿匹烏斯‧克勞迪（Appius Claudius）之名修建，另外他還修建了羅馬第一條引水道「阿匹安引水道」[46]。阿匹烏斯還將有城市之后美稱的羅馬城與卡普亞城（Capoue）連接。

羅馬公路網早在西元二五二年即已延伸到西西里島，西元前一四六年艾那提亞大道（Via Egnatia）延伸到巴爾幹半島。多米提亞大道（Via Doimitia）也於西元前一二一年延伸到高盧地區[47]。由此可見羅馬對外連接的道路，從西元一世紀初即已開始興建，隨著各條大道的完成，羅馬的公路網也終於形成。此外羅馬人在大道的兩側留有供行人使用的人行道，大道的鋪設則是逐步完成，通常由鄰近羅馬的地段先完成，例如帝國時期，羅馬附近泰拉奇納（Terracine）周圍的大道即鋪設了石板[48]。

羅馬作家賀拉斯（Horace）曾經描繪帝國初期阿匹安大道上人車往來的繁榮景象，當時他沿著阿匹安大道到布林德城（Brindes）旅行，

[45] R. Chevallier, Les Voies Romaines, pp. 148, 237.
[46] Horace, odes, L IV III.
[47] C. Nicolet, Rome et la Conquête du Monde Méditerranée Les Structures de l'Italie Romaine, Paris: PUF, 1978, p. 157.
[48] A. Grenier, Le Génie Romain dans la Religion, la Pensée et l'Art, p. 91.

沿路的景象讓他讚嘆不已[49]。幾個世紀之後，羅馬另一著名作家史塔斯（Stace）則歌頌阿匹安大道是「**道路的皇后**」。羅馬的諷諭詩人馬爾提阿（Martial）則讚美：「**噢！阿匹安大道，你的榮譽遠勝所有的道路。**」

西元四世紀中葉基督教活躍時期，羅馬的基督徒（朝聖者）也沿著這條大道前往諾勒（Nole）朝聖[50]。

西元一世紀末新建的多米提亞大道（Via Domitiana）與阿匹安大道聯結，整體穿越了義大利中部和南部的沼澤地帶沃爾土內（Vulturne）、里太內（Literne）等地區。此外它還經過庫姆（Cumes）、普羅勒斯（Pouzzoles）以及那不勒斯（Naples）等地[51]。史塔斯對當時修築這條大道的情況也有一段相當深刻的記載。

多米提亞大道最初由泥沙築成，僅是阿匹安大道在坎帕尼亞段（Campanien）的縮小版，但不久之後便改以堅硬的石塊築成，在最後階段甚至改用大理石建造[52]。

西西里島上有一條環島公路，北部地區修建了瓦拉立亞大道（Via Valeria），靠近海岸的邁西尼（Messine）則有龐皮亞大道（Pompeia）以及一些支線道路，連接義大利各地區大大小小城市[53]。這些道路都發揮了實質的效益。

拉提娜大道（Latina）則是從羅馬開始出發，途經義大利中部穿越圖斯庫拉努斯山（Mont Tusculanus），蜿蜒穿行於阿爾卑斯山，經過許多著名城市和羅馬軍團的駐紮地[54]。撒拉立亞大道（Via Salaria）則是有名的運鹽道路，羅馬學者斯塔逢稱之為「古老的鹽路」，因為羅馬共和時期，

---

[49] Horace, Satires, L IV.
[50] D. Gorce, Hospitalité et Port des Lettres dans le Monde Chrétien des IVème Siècle, chap. III, p. 83.
[51] Stace, Achilléide, TII L IV5.
[52] Stace, Silves, T II L IVI.
[53] R. Chevallier, op.cit., p. 155.
[54] Strabon, LV VI LV I II.

薩賓人（Sabins）正是經由這條道路運鹽給山地居民[55]。它從第勒尼安海岸（Tyrrhénienne）進入義大利半島內陸，蜿蜒穿過亞平寧山脈地區到達亞得里亞海岸（l'Adriatique）[56]。

羅馬執政官佛拉米尼烏斯（Gaius Flaminius）曾經建造佛拉米尼亞大道（Via Flaminia），這條大道穿越翁布里亞（l'Ombrie），連接亞得里亞海岸的阿里米努姆（Ariminum）[57]。另一條大道則繼續這條路線經過阿爾卑斯山脈，繞過沼澤地直通阿奎萊亞（Aquileia）[58]。整條貫穿翁布里亞地區，總計七百八十公里。

從羅馬出發另有一條奧雷立亞大道（Via Aurelia）沿著第勒尼安海岸向北延伸，後來又被監察官阿米立烏斯（Amilius）擴建延伸[59]。屋大維時期的羅馬人，上自皇帝下至行政官員皆十分關注公路網的維修，屋大維本人甚至擔任奧雷立亞大道的保護人呢！

除上所述，義大利本土的公路網同樣得到發展，某些路段也常與幾個主要交通幹道連接。例如奧古斯塔（Juila Augusta）從特雷比亞（Treb-bie）出發，途中與波斯圖米亞大道（Postumia）交匯，連接克內摩那（Crémone），以及維羅那（Véròne）、巴杜（Padoue）、阿奎芮（Aquilée）等交通幹道[60]。這些公路網於西元前一四八年即已完成。

[55] Idem LV VI LV I II.
[56] R. Bianchi-Bandinelli, Rome, le Lentre du Pouvoir, Paris: Gallimard, 1969, p. 4.
[57] Rutilius Namatianus, Sur Son Retour, p. 593.
[58] Idem.
[59] R. Chevallier, op.cit., p. 155.
[60] Idem.

二、 希臘的羅馬公路系統

　　希臘的海岸線呈鋸齒狀、島嶼眾多，海洋運輸極其便利。西元前四〇八年羅馬人在希臘修築了一條有名的埃那提亞大道（Egnatia）。這條大道也連接幾個主要交通幹道，後來羅馬幾位著名將領或皇帝，如龐培、安東尼、屋大維等皆走過這條大道[61]；此外羅馬著名的作家西塞羅流亡時也走過這條路。伯羅奔尼撒半島上的科林斯（Corinthe）則有一條大道可以前往埃皮道魯（Epidaure）。

　　另外還有一條路可以通向梅加爾（Megare）和雅典等地。從斯巴達（Sparte）也有一條通往奧林匹亞（Olympie）的公路，這些大道補足希臘半島公路網的缺口，具有實質的經濟效益。從尼克波利斯（Nicopolis）到底比斯（Thébes）以及從雅典到柯林斯[62]。這兩條公路和一些支線，使得在希臘旅行更為方便，旅行者在路途中通常必須自帶石塊，做為其設置的路標，這說明了前述道路的狀況。

三、小亞細亞、敘利亞的羅馬道路

　　羅馬士兵和商人也先後沿著小亞細亞、敘利亞的羅馬大道前往各處，雖然這些地區的羅馬道路網不如義大利便捷，但依然使羅馬的中央號令傳遞更為迅速。當地總督特拉萊斯（Tralles）曾修復從以弗所（Ephése）到勞的賽（Laodicee）的國道[63]。此外還修築一些軍事要道，不僅聯繫軍團

---

[61]　Idem.

[62]　Idem.

[63]　M. Le Glay Villes, Temples et Sanctuaires de l'Orient Romain, Paris: Sedès, 1986, p. 147.

駐紮地與海上通道，尚且具有監視小亞細亞南部通道的作用。這些公路也通向敘利亞和小亞細亞的神廟，諸如以弗所的阿特米斯（Artémis）神廟以及帕加曼（Pargame）的阿斯克內皮奧斯（Asklépios）神廟。

　　某些公路與山谷中蜿蜒的戰略要道相接，例如西諾普（Sinope）公路與阿瑪西亞（Amasia）公路；貝爾加納公路（Pergane）和皮西迪（Pisidie）殖民地一些交通要道[64]。從埃及出發的大道可以到達加薩（Gasa），由加薩往東即可通往佩特拉（Pétra），也可通往附近的海港，這類大道還可以到達安提阿（Antioche），這座小亞細亞城市是重要的「交通樞紐」。此外還有位在小亞細亞內陸的特拉加那（Trajana）大道，連接周圍許多城市，羅馬駐紮在依斯帕納（Hispana）的第九軍團也修築了從埃麥斯（Emèse）到菲拉德爾菲（Philadelphie）與帕米爾（Parmyre）等地的公路[65]。

四、埃及的羅馬公路

　　儘管埃及尼羅河三角洲的運河航運四通八達，羅馬人仍然在修建多條大道，例如一些公路穿越埃及山脈和山谷直達到紅海邊的貝雷尼塞（Bérénicé）等地區。公路兩旁通常設有蓄水池、哨所、旅店等，主要是為了方便沙漠商隊[66]。此外在風沙大的地方還設有方位標，埃及沙漠商隊的足跡從尼羅河左岸一直延伸到綠洲所在的底比斯城。

---

[64] R. Chevallier, op.cit., pp. 161-162.

[65] Idem.

[66] Idem.

五、北非的羅馬公路

北非的江河交通不發達，因此羅馬人在此地修建的公路網也較密集。古羅馬人繪製的波叮噶地圖（Carte de Peurtinger）證實，在北非所修建的公路總長達到二萬萬公里。其中較受人重視的是沿著海濱修築的大道，它從摩洛哥一直到的黎波里（Tripoli）。另一條大道則是北非南部邊界的標誌，它在商業貿易上占有重要的地位，同樣地這條公路也有一些支線，其道路寬度差別很大，例如從迦太基到特維斯特（Théveste）路段的寬度是八到七米，從西爾塔（Cirta）到魯西加德（Rusicade）卻有八到十二米[67]。北非的公路通常都由石板鋪設而成，奧古斯都時，羅馬的第三軍團完成從迦太基到特維斯特的石板路段。

公路網依地形而建，工程師在設計道路時盡可能選擇直線，但還是會碰到巨大岩層等，因此工人們必須先用十字鎬鑿開岩層後，才能鋪設真正的公路[68]。例如通過採石場的奧埃斯公路（Aures）就是如此。

帝國時期羅馬皇帝在北非興建不少公路。例如韋斯巴鄉皇帝（Vespasien）和他的兒子們就是北非公路網最早的建築者；圖拉真皇帝（Trajan）採納福隆丹（Frontin）的建議，設計修建歷姆斯大道（Limes）[69]；哈德良皇帝（Hadrien）則修建一段公路，連接西爾塔（Cirta）和魯西加德（Rusicade）兩座城市。此外，安敦尼皇帝亦開鑿了奧埃斯隘道；塞維魯（Sévèere）和卡瑞卡拉（Caracalla）時期，北非的公路建築更是活躍。

---

[67] O. Perler, J. L. Maler, Les Voyages de Saint Augustin, p. 28.
[68] G. Charles Picard, op.cit., p. 90.
[69] R. Chevallier, op.cit., p. 175.

六、伊比利半島的羅馬公路

　　羅馬人占領伊比利半島初期，西班牙就已經有多條公路。從庇里牛斯山到諾娃（Carthago Nova）的沿海公路早於西元前一二〇年就已建成。伊比利半島的公路主要有下列幾條大道：多米提亞大道從高盧到西班牙的塔拉果地區（Tarraco），負責修築的工程師為昂波利亞（Emporiae）和巴西諾（Barcino），其路線經過波爾多（Bordeaux）到蓬佩羅（Pompaelo）和維爾維斯卡（Virovesca）兩個城市。此外在維爾維斯卡還有一條路通過阿斯土立卡（Asturica）地區[70]。阿斯土立卡到布里岡蒂烏姆（Brigantium）的公路則是由奧古斯蒂（Lucus Augusti）修建。阿斯土立卡到里斯本（Lisbonne）的公路以及它的支線汝利亞（Pax Julia）公路也是伊比利半島的主要交通要道。

　　海岸公路分別通過馬拉卡（Carteia-Malaca）、諾娃（Carthago Nova）、塞塔比斯（Saetabis）、瓦朗提亞（Valentia）、薩干頓姆（Saguntum）、戴爾托薩（Dertosa）、塔拉果（Tarraco）等城市或地區，這條大道的支線公路則分別經過畢爾比立斯（Caesaraugusta-Bilblies）、埃美歷塔（Emerita）等地，羅馬皇帝在伊比利半島西北部的塔基（Tage）山脈、礦區和馬里亞等地區，皆修築了完善的公路系統[71]。

　　以上可證，羅馬人雖然耗時兩個世紀才征服西班牙，但歷任皇帝修建西班牙的交通幹道卻不遺餘力[72]，更勝此地過去的統治者所修建的公路數量。

---

[70] Idem p. 178.

[71] Strabon, Géographie 5, I II.

[72] R. Chevallier, op.cit., p. 175.

七、不列顛的羅馬公路

凱撒率第一支羅馬軍隊進入不列顛，隨後這個地區開始羅馬化，陸續修建公路。羅馬化時期遺留下來的部分公路顯示分別通向礦區或港口[73]。另有一些戰略交通線與英格蘭北方的「哈德良長城」相連接。

八、高盧地區的羅馬公路

高盧地區有許多河川運輸，河運業占重要地位。但自凱撒吞併高盧之後，高盧人即開始籌資修築許多的公路。

西元前一二〇年羅馬執政官阿爾農巴爾布斯（Domitius Ahénobarbus）下令修建多米提亞大道（Domitia），途經達拉斯貢（Tarascon）、貝爾杜斯（Perthus）、尼姆（Nimes）、貝濟埃（Beziers）、埃勒奈（Elne）、蒙特－日內瓦（Mont-Genevre）等地。羅馬的幾位皇帝不斷地翻修它[74]。龐培、屋大維以及柯蒂烏斯皇帝（le roi Cottius）等，在西元一世紀前後又重加修復這條最古老的公路。

從里昂出發的一條公路可以前往高盧境內數個城市與地區，途經阿基坦（Aquitaine）、羅納（Roanne）、維希（Vichy）、克萊蒙（Clermont）、錫爾德（Sioute）、利摩日（Limoges）等地。尚有支線連接羅德沃（Lodéve）、羅德茲（Rodes）、卡奧爾（Cahors）、佩里格（Périgueux）等城市和地區[75]。除此之外，由里昂出發還可以前往羅納、索恩

---

[73] Strabon, Géographie, V 3, 7.
[74] R. Chevallier, op.cit., p. 190.
[75] Strabon, Géographie, V 3, 7.

河流域的塞納（Saone）、摩澤爾（Moselle）等地區。

　　高盧北方的城市如朗格勒（Langres）、漢斯（Reims）、特雷沃（Trêves）等，可以與萊茵河長城以及英格蘭地區互通。羅馬人對萊茵河地區的公路尤其關注[76]，它們是運輸軍隊的重要通道。

　　克勞迪皇帝（Claude）即位以前，羅馬對高盧西部一直未加以重視，卻在萊茵河地區的公路建設投注很大的心力，他即位之後在高盧懷特島（Wight）建立一條連接夏特爾（Chartres）和科坦丁（Cotentin）半島之間的道路。

　　為了運送燧石和大理石，高盧人在盧亞爾河（la Loire）和索恩河（Saône）的山谷中修建一些道路[77]。後來為了運送金屬、鹽和錫礦等物質，高盧地區出現更多的公路。

　　此外，高盧北部塞納河與埃斯科河（Escaut）之間的地區，亦擁有一個完備的公路網，因而貿易也極為繁榮。

九、帝國以外的羅馬公路

　　羅馬邊境外還有一些商貿往來的道路，通常沿著河川的走向延伸，主要也是使商品交易能夠更為便捷。前述的公路系統對羅馬商人、軍隊以及其他旅行者都是非常重要的交通管道，為了讓旅行者知道走了多少路程、仍有多少路程要走？因此公路的修建者們每隔一里（一千四百七十八點五米）即設置一個里程碑，通常這些里程碑會被放在較高的位置，以便旅行者從遠處就可以看得到。里程碑呈圓柱形，基部凸出，上面標明遠、近城

[76] R. Chevallier, Les Voies Romaines, p. 76.
[77] Idem p. 78.

市的距離[78]。此外里程碑上通常還記載修築公路的皇帝，並指出旅行者所在位置與出發地點、目的地之間的距離，有時我們還能在里程碑上找到最近的農莊、軍營以及朝聖地位置。

這些里程碑所用的材料有石灰石、砂石、花崗石、玄武岩等。比較特殊的是西元前二十年，屋大維曾經用鍍金的青銅鑲嵌大理石石柱來標誌羅馬帝國各大城市之間的距離，這塊路碑放在烏爾布斯（Urbs）的中心點[79]，也是公路網的中心。

北非地區發現了大約兩千塊里程碑，主要刻著當時的統治者以及標明各城市的所在位置。然而，這些里程碑對羅馬的旅行者而言，如同現在旅行指南書籍，讓旅行者在出發之前就知道路途上的一些情況，因此里程碑上的資訊對某些旅行者來說已經足夠，至於另一些比較有知識學問的旅行者，必備的交通指南則是地圖，他們不但用地圖選擇道路、估計旅程，還用它來決定休息間隔的時間[80]。但是這些地圖的可信度有所爭議。

根據古書的記載，這些地圖雖然都被使用，但其價值卻沒有得到所有人的認同。西元前五世紀希羅多德就對人們所繪製的地圖抱持鄙視和嘲諷的態度，他說：「**當我看到許多人已經繪製地球全貌，卻沒有人對此給予合乎情理的評論，我就忍不住發笑。海岸的洋流包圍著陸地，而陸地是圓的，就像在車床上做出來的一樣，再設想亞洲居然和歐洲一樣大……[81]。**」

斯塔蓬（Strabon）亦諷刺希臘的地理學家：「**地理學家們所撰述的地理學，不是寫給一般的人民看，它是寫給那些承認地球所賦予形狀並**

---

[78] Idem p. 76.

[79] Idem.

[80] G. Charles-Picard, La Civilisation de l'Afrique Romaine, Civilisation d'Hier et d'Aujourd'hui, Paris: plon, 1959, pp. 87-94.

[81] Herodote, Histoires, Melpomène, L IV, 36, Texte Établi et Traduit pan ph. E. Legrand, Sté d'Éditioin Les Belles Lettres", 3ème Edition, 1960.

由此得到結論的人[82]。」換言之，斯塔蓬對於當時地球的形狀抱著懷疑態度，尤其對托勒密的地理學更是不相信。

西元前二世紀，希臘的數學家和天文學家托勒密（Ptolémé）之地理學已經非常有名，此外他對編年學、光學、日晷製造以及音樂也都很有興趣。時至今日，他的地理學對考古學家們尋找羅馬大道仍然有很大的幫助。他所繪製的地圖在西元十六世紀以後也曾多次再版，其中一些地理知識也超越了十六世紀時期的知識領域。

十五世紀末在沃爾姆斯（Vorms）發現一張由古代地圖（西元三六五年）所複製而成的一幅中世紀地圖，這張地圖據說被波叮噶（Conrad Peutinger）所獲，因此被稱為波叮噶地圖。這幅地圖繪製在一張長形羊皮紙上，寬三十寸，長度二十二尺[83]。為了便於攜帶，上述的圖形與實際羅馬帝國的地理情況並不太吻合。這張地圖除了標出帝國的信差、軍隊以及官員們所使用的道路之外[84]。還描繪了公路網一系列相關的路段。地圖上可以看出羅馬帝國的主要交通幹線，這些路線上都註明避免載重車輛經過的山坡路段。此外，旅行者希望在旅行中得到的方便設施，在這幅地圖中也都有圖案標誌。因此，波叮噶地圖對於古代的旅行者而言，是一份十分有價值的資料。

安東尼（Antonin）路線圖的確切年代不詳，一般推測是戴克里先（Dioclétien，西元二八四年至三〇五年）時期所繪製，這是一份關於陸地和海洋路線的珍貴資料，每條道路都附有一張驛站表[85]。

伊爾羅索里米坦（Hiérosolymitain）路線圖是一張很詳細的地圖，修

---

[82] Strabon, Géographie, V 3, 7.

[83] L. Casson, Travel in the Ancient World, p. 186.

[84] G Marasco, I Viaggi nella Grecia antica, Edizioni dell' Atenea et Bizzarri, Roma: 1978, p. 90.

[85] R. Lugand, Notes Sur l'Itinéraire Maritime de Rome à Arles, p. 124.

正波叮噶地圖和安東尼路線圖穿越阿爾卑斯山的部分[86]。事實上，羅馬的旅行者對於沼澤地、湍急的河流、山脈以及要走的公路狀況皆非常清楚，因爲旅行者之間口耳相傳的信息比地圖所載的資料更爲準確。靠著上述幾份地圖和口耳相傳的資訊，旅行者可以選擇最適合的旅行道路，並能估算旅程里數，然後進一步一程一程地進行自己的旅行。

　　至於旅行者如何完成他們的遠行，以及使用何種交通工具穿梭在羅馬大道上則依旅行者的經濟狀況而定，例如窮人的旅行方式只有步行這一種，他們常常扛著一種像叉子的東西（扁擔），行李就放在扁擔頂端；較爲富裕的人則騎騾子、驢、馬旅行。凱撒逃離拉韋納（Ravenne）時，即乘一輛由騾子拉的車[87]；塞內加（Sénéque）曾經「蹲在」一輛騾子拉的破車上。趕騾子的人通常都是窮苦人，他們可能連一雙草鞋都買不起，因此光著腳趕騾子。至於羅馬有名的暴君尼祿（Néron），羅馬人皆知道他的騾子都釘了銀掌，有時還是金掌[88]。同樣地，在韋斯巴鄉（Vespasien）時期，他的騾子也釘了銀掌[89]。

　　馬勒（Maler）在西元四世紀末曾經提到當時基督徒使用的交通工具，他說：「**基督徒和一些苦行僧們騎著驢和騾子穿越埃及[90]。**」當時轎子僅供上流社會的婦女們使用。

　　除了作爲坐騎的牲口之外，旅行者還使用各種各樣的車輛，減輕了人們旅行途中的勞累，因此各種各樣的車輛成爲旅行時的特殊景象，羅馬的旅行者對於這些也早已習以爲常。

　　駕馭交通工具方面，羅馬人繼承了亞述人、埃及人、希臘人用牲畜做

---

[86]　R. Chevallier, op.cit., p. 134.

[87]　Suétone, op.cit., César, TI LI XXXI.

[88]　Senèque, Lettres à Lucilius, TIII LXI. 87.

[89]　Suétone, op.cit., Vespasien, TIII L VIII XXIII.

[90]　O. Perler, J. L. Maler, Voyages de St Augustin, p. 38.

爲動力的技術。拉車的牲畜使用鞍轡則提高了運輸的效率和速度，然而車輛的安全性卻讓人懷疑[91]。當時的大車沒有鋼製彈簧，走在顛簸的道路上震動很大，充滿不安全感。安東尼時期的運輸工具已經達到「精良」的程度[92]，但是車輛的運行還是一樣的震動不止。

羅馬人在輕型的運輸上是由人力完成，而重型大車則用來運輸貨物[93]。它的速度也比較慢一些。一些偏向專門貨物的運輸，則由專門人員負責完成，例如木材運輸就由稱作運木人的工匠負責運作。此外還有一種由四頭牛所拉的車稱爲安卡瑞（Angaria）[94]，常被用以運送軍團傷患。

羅馬人的耕作牲畜則是上了套的牛，牛可以在羅馬大道上負載四千公斤貨物。羅馬元老院議會規定下層社會的婦女，只能在她們的雙輪車套上行進緩慢的牛隻[95]。由此可知「牛」在羅馬極受重視。

牛軛以及雙鞍馬車上用來拉牽、控制和倒退、支撐的工具，是一根頂端彎曲的直棍，它用一根釘子釘成十字形，套車的牲口並排在一起，牛軛置放在牛的前面，馬的「籠頭」則是馬匹最合適的工具[96]。用驢拉車的好處是牠們很耐疲勞，特別適用於耕種，還可以拉磨、拉貨車等等[97]。

馬是戰士、獵手、騎士、競技者的裝備，古代人從不用馬做農事[98]，因此以一匹馬拉車是異想天開的事情。然羅馬人喜歡用很多匹馬拉車，有時甚至達到二十四，這樣拉車可以使場面更爲壯觀[99]。此外，人們乘坐的

---

[91] CDT Lefebvre, Des Noettes, op.cit.

[92] P. Huvelin, Essai historique Sur le Droit des Marchés et des Foires, Librairie Nouvelle de Droit et de Jurisprudence, Paris: Arthur Rousseau, 1987, p. 80.

[93] H. Polge, op.cit., p. 9.

[94] CDT Lefebvre, Des Noetes, op.cit., p. 158.

[95] H. Polge, op.cit., p. 13.

[96] Idem, p. 12.

[97] CDT Lefebvre, Des Noettes, op.cit., p. 87.

[98] Idem p. 84.

[99] H. Polge, op.cit., p. 13.

運輸工具也很具多樣性，旅行者可以根據自己的經濟狀況，選擇其交通工具。例如：

1.公共馬車（La Benna）：即可供多人乘坐的馬車。

2.兩輪馬車（Le Carrus）：它的用途主要是運載戰士。

3.四輪馬車（Le Currus）：主要用於運載重物，也用於馬戲表演[100]。

4.豪華馬車（La Tensa）：在雜技表演中展示神像的聖車。

5.四輪運貨馬車（Le Plaustrum）：鄉間所使用的貨車，它有四個實心、吱嘎響的輪子[101]，可以運載軍人和奴僕的旅行裝備。

6.雙輪馬車（Le Carpentum）：這種車子帶有車篷，方便美觀，有兩頭騾子拉牽，羅馬的皇室婦女常在城裡使用這種車子。

7.四輪馬車（La Rheda）：源於高盧，車身有四個輪子，很結實牢固，因此能載許多乘客和行李。

8.雙轎馬車（Le Cisium）：這種輕便雙轎馬車有篷子，可以容納兩人並排坐在車身裡，由兩頭騾子或馬拉牽，羅馬官吏或信差通常坐這種車子[102]。但車裡無處可以放行李。

轎子（La Lectica）從東方傳入，通常由八名轎夫抬著，並配有窗簾和布簾子，有的高轎子還裝有「透明石」做為玻璃之用。羅馬帝國時期，轎子主要也是用於運送傷患。行政官員與上層社會婦女經常使用轎子，坐轎子的人感到極其舒適[103]。例如，小普林尼（Pline le Jeune）即曾坐在轎子裡讀書寫字；奧古斯都常在轎子裡吃飯睡覺；克勞迪（Claude）在轎子內玩擲骰子的遊戲，為此他對轎子的功用也做了改造；至於尼祿，則有寵幸的人在轎子內陪伴他[104]。

---

[100] U. Paoli, Vita Romana, p. 200.

[101] Suetone, Vies des Douze Césars Tibére, TII LIII.

[102] U. E. Paoli, op.cit., pp. 200, 201.

[103] Suétone, Vie des Douze Césars, Claude, TII LV XXXIII.

[104] Suétone, Néron, TII LII XXVIII.

檯椅，對羅馬人而言並不是一種令人愉快的交通工具，因爲它顛簸度大，但塞納克（Sénéque）認爲：「**雖然極其令人討厭，可是非常舒適**[105]。」

這種車輛中有些達到令人讚嘆的工藝水準，康茂德（Commode）去世之後，人們清理他的財產時，發現其中有一些能工巧匠所設計的豪華四輪馬車，它能擋風遮日，而且還能指示所走的路程與時間，從而可以推算出速度。

凱撒擔任執政官時，曾禁止任何人乘坐四輪馬車進入羅馬的烏爾布斯（l'urbs）地區[106]。具有特殊身分的祭司、凱旋而歸的將軍、參加公共活動的人以及尼祿的管風琴師等，才被允許在白天奔馳羅馬城內街道上，這種情形一直持續到圖拉眞（Trajan）時代[107]。西元三世紀以後，在羅馬城內所有的車輛都被禁止，人們只能走路，乘坐轎子、抬椅或騎馬在羅馬城內活動。

在一些古代羅馬的遺跡上，可以見到淺浮雕和鑲嵌畫上的動物（牛、騾子、驢、馬）正在拉車[108]。此外，人們可以看到一些車輛在門框上放置柳條編的籃子，另一些皮製的車篷遮蓋住窗拱，用來阻擋窗外旅客的視線，一些車輛則專門用於運輸貨物。

上述羅馬帝國時期的交通工具，一直到十九世紀都沒有多大的改變，羅馬有令人讚嘆的公路，也有多樣性的交通工具，在如此條件下的旅行者能走多少旅途值得研究。

談到旅行的「旅程問題」涉及旅行者感觸最深的一部分，羅馬人的旅行必須爲此耗去生命的一部分，在今天的交通工具條件下，這是令人難以

[105] Sénéque, Lettres à Lucilius, TII L VI, p. 55.
[106] Suétone, Vie des Douze Lésars, Vitellius, TIII L VII X.
[107] Suétone, Néron, TII L VI XLIV.
[108] J. Rouge, Dossier de l'Archéologie n。67, Octobre, 1982, p. 43.

想像的。

如前所述，從西元一世紀到十八世紀，羅馬旅行者的交通幾乎沒有什麼改變。換言之，旅行者走路的速度和中世紀去耶路撒冷的朝聖者或與十八世紀末拿破崙的士兵一樣快。羅馬徒步旅行者中以軍人的速度最快，平均每天行走三十到三十六公里[109]。

如果不換坐騎，羅馬騎士一天的行程大約五十公里，但是騎士若更換坐騎或能使用驛站，在身體承受的限度內，他一天能走的路程是這個數字的三倍。

例如美國學者加松（Casson）說，從一站到另一站的公共信差平均每小時跑七點五公里，每天走的路程大約是七十五公里[110]。這個說法後來被其他作家證實，他們估計驛馬的速度是每小時七點四公里，在極為緊急的情況下，一天的路程就可以達到一百二十里，也就是一百八十公里[111]。

有時羅馬信差傳遞消息的速度快得驚人，比如尼祿的死訊在六天後就傳到西班牙[112]。一個公共信差從羅馬到布林迪西（Brindisi）所耗費時間大約為七天；到拜占庭需二十五天；到安提阿（Antioche）需四十天；到埃及的亞歷山大則需五十五天[113]。

值得一提的是，西塞羅的信差從羅馬到阿美利（Amérie），一個晚上就行進六十八里，也就是一百二十公里；此外老加圖（Caton l'An-cien）用了四天時間從布林德到達羅馬，其間距離五百四十公里[114]。平均每天走一百三十五公里。

[109] R. Chevallier, op.cit., p. 342.
[110] L. Casson, Travel in the Ancient World, p. 188.
[111] O. Perler, J. L. Maler, Les Voyages de Saint Augustin, p. 31.
[112] Idem p. 189.
[113] Idem p. 188.
[114] H. G. Pflaum, Essai Sur le Cursus Publicus Sous le Haut-Empire Romain, p. 202.

雖然有上述驚人的速度，我們仍然應該注意旅途中因爲惡劣的氣候，不得不延長旅行時間的事實。西塞羅在羅馬接到他的兄長昆圖斯（Quintus）在九十三天前從布列塔尼（Bretagne）寄來的信，如果這段旅程需要經過一段海路，氣候的不穩定也會使海路或陸路的旅程延長。西塞羅的兒子住在雅典，他花了四十六天時間才到達羅馬與西塞羅會面；賀拉斯（Horace）和他的同伴們取道阿匹安大道（La voie Appienne）從羅馬前往布林德（Brindes），花了兩星期才走完[115]。這樣的速度在當時不算快。以上的旅行描述告訴我們，帝國時期的旅行者除了軍事、政治、經濟目的外，還有其他的原因。

對於擁有優良交通工具的貴族而言，他們的旅程速度可以與專業的信使相提並論。例如提比略（Tibère）皇帝花費一天一夜奔馳兩百九十四公里去見他臨終的兄弟德路索斯（Drusus），其間僅休息三次；奧古斯都通常會在沒有什麼緊急情況下，乘坐轎子一程一程地走，從普納斯特（Préneste）到提布爾（Tibur）要花兩天的時間。

在可航行的情況下，水路經常被利用。例如安東尼路線圖和波叮噶地圖都提到好幾段水、公路交錯之處，旅行者在一般陸地旅行後便要登舟走水路[116]。水路和公路的「會合處」往往是戰略要道的山谷深處、河流的源頭或是港灣窪地。

根據波利伯（Polybe）的說法，義大利當時最長的河流是波河，長度爲六百五十公里。波河上的航運可以自出海口上溯三百五十五公里，水量豐富時船隻還可達杜林（Turin）、加土爾（Catulle）[117]。甚至可以乘著輕舟，沿明喬河（Mincio）逆流而上，從亞得里亞海一路直到加代湖畔

---

[115] Horace, Sat, LI, V5, Paris: Garnier-Flammarion, 1967.
[116] R. Chevallier, Les Voies Romaines, p. 228.
[117] Idem.

（Carde）的西爾米翁（Sirmione）別墅旁。

根據斯塔蓬（Strabon）的說法，從普拉森提亞（Placentia）到拉韋納（Ravenne），總長兩百五十公里[118]。走水路需要兩天兩夜，比其他任何的交通方式更快捷舒適。

台伯河（Tibre）總長四百零三公里，從出海口港市奧斯蒂亞到羅馬這一段的河運貨物和旅客運輸同樣繁忙，由於羅馬人口眾多，因此進入羅馬的貨物數量也很龐大。從奧斯蒂亞出發需要三天時間[119]，河上有無數船舶川流不息。但逆流而上的船隻則需要縴夫拉縴。

伊特魯利亞的溫布沃（Umbro），雖然不能通航，卻給河運船隻提供一個可靠的避風港[120]。

高盧地區的隆河能航行較大的船隻，據蘇埃托尼（Suétone）描述，維特利烏斯（Vitellius）乘坐他的豪華船舶通過這條河和高盧其他河流。河流的通航情況在極大程度上受季節的影響，冬季強大的寒流會使河面結冰，如台伯河，春季會漲潮，而夏季的乾燥又會使水位降低[121]。一直到秋季來臨後水位才會升高。

由於小船是平底結構，另外羊皮袋做的筏子也使船的重量減輕，因此一些支流可以發揮作用，人們乘小船做短途旅行。賀拉斯和他的朋友們乘小船穿越小河塘節省不少時間[122]，而且也不妨礙他們的飲食和睡眠。

另外在義大利東部亞得里亞海沿岸的環礁湖也為航運提供寧靜的港灣。羅馬地理學家斯塔蓬認為，從義大利拉韋納（Ravenne）到希臘亞克興（Actium）之間的海路，是義大利最理想的航路[123]。

---

[118] Strabon, 5, I II.

[119] Pline Le Jeune, Lettres, LV 5.

[120] Rutilius Namatianus, Sur Son Retour, p. 332.

[121] Pline Le Jeune, Lettres, L V 6,.12

[122] Horace, Sat LI, V, Paris: Garnier Flammarion, 1967.

[123] Strabon, Gēographie, V 3, 7.

第三節　海上旅行的設施

　　隨著羅馬帝國在地中海沿岸的擴張，基礎設施也逐漸建立。地中海非但沒有構成交通的阻礙，反而成爲聯繫各海岸的捷徑，甚至減低貨物運輸的費用。此外，地中海也是進入非洲的唯一通路。

　　某些旅行需要人們在海路和陸路之間做選擇，因此羅馬人必須根據既有的經驗，再權衡利弊後做出決定。例如陸路旅行普遍受到羅馬人偏愛，因爲他們認爲海上旅行不但艱辛而且又極危險[124]。羅馬的圖密善（Domitianus）皇帝就害怕海上航行，但另一位皇帝圖拉眞（Trajan）則很喜歡[125]。

　　沿海航行的航家們喜歡在各島之間航行，例如西元五世紀初高盧人訥瑪提亞努斯（Namatianus）就喜歡在海上航行於各島嶼之間，因爲這樣的旅行是可以避過水災淹沒的陸路[126]。

　　海上的旅行者在旅途中可以看見海岸就會感覺比較安全，心理上至少不會感到害怕。根據羅馬古代文獻記載，地中海上有一個交通網，船隻不會偏離航線，除非受到暴風雨的影響，或者水手對航線沒有經驗[127]。以當時的航海技術，我們很驚奇地發現有那麼多神祕的航海日誌，內容也多半是神話故事般的情節，這些神話之所以存在，因爲它們是羅馬人海洋知識的一部分。

　　歷史文獻資料裡有一些航海旅行的敘述，其性質各不相同，一些是基於歷史眞實的傳說，比如埃松（Jason）和他的同伴一起在海上冒險並探索黑海邊的俄克杉（le Pont Euxin），爲希臘水手打開黑海及其海岸的門

---

[124] O. Perler, J. L. Maler, Les Voyages de Saint Augustin, p. 58.
[125] Pline Le Jeune, Lettres, TIV, Panégyrique de Trajan, p. 82.
[126] Rutilius Namatianus, Sur Son Retour, p. 12.
[127] Idem.

戶。荷馬史詩中奧德賽的故事（l'Odyssée）則發生在地中海，希臘人第一次揭示了海洋的祕密，雖然愛琴海島嶼眾多，卻具有整體性，人們從這些訊息中可以知道希臘各島嶼的狀況[128]。

　　古代歷史學家和地理學家希羅多德、斯塔蓬和老普林尼在其著作裡提到從「已知世界」到範圍大一些的重要旅行，其中最值得一提的是薩塔斯佩（Sataspēs）的航行。他被薛西斯（Xerxes）判處從拜占庭繞過非洲南端的航行以代替嚴刑。但這次酷刑後來宣告失敗，他們航行到萊昂山脈（Léone）沿岸就停止了[129]。

　　此外還有一些有關古代旅行的記載，例如西元前五世紀希臘的地理學家西拉克斯（Scylax），奉波斯國王大流士（Darius）之命到過厄立特里亞海岸（Erythrée）。西拉克斯的航行據說還曾到達大西洋的摩洛哥海岸。同一時期馬沙立奧特（Pythéas-le Massaliote）在北海的航行一直到日不落的海島。一些值得一提的旅行其真實性已被考古發現證實，例如在今天的象牙海岸就曾發現古羅馬錢幣[130]。

　　西元前六世紀希羅多德所著的一部旅行記《納考旅行記》（Nekao），描述他們的船隊從蘇伊士出發，往南走了三年後從海克立斯擎天柱（Colonnes d'Hercule）（古代人以此柱標示直布羅陀海峽東面入口海角的名字）回到地中海，這次旅行沒有再繼續，主要是因為這地區沒有什麼經濟利益[131]。另一本《阿農旅行記》（Le Périple d'Hannon）完成於西元五世紀，由迦太基人所見寫成的海上探險活動，阿農探查非洲西北海岸地區。《旅行記》由已經失傳的迦太基文翻譯成希臘文後才得以保存下來[132]。

---

[128] Homere L'odysée, II p. 8.

[129] Strabon, Geographes, V. 3. 7.

[130] G. Charles-Picard, Les Romains en Côte d'Ivoire Archéologia, n°116, Mars, 1978. p.21

[131] J. Desanges, Recherches Sur l'Activité des Méditerranée aux Confins de l'Afrique, chap. II, p. 7.

[132] J. G. Demerliac, J. Meirat, Hannon et l'Empire Punique, p. 130.

希羅多德和羅馬帝國時期的老普林尼（Pline l'Ancien）又根據上述文獻資料重新編著。這本《旅行記》對古代人的影響可說非常深遠[133]。

　　阿農帶領六十隻船組成的船隊，浩浩蕩蕩地離開迦太基港，他們航行越過海克立斯擎天柱進入大西洋，繼續往南行，在迦太基的南面建立提美亞特翁城（Thymiaterion），當時它已經是繁榮的商港。之後船隊繼續航行，到達索羅伊斯（Soloeis）庫坦海角（Cap Cantin）。一些墾荒者此時陸續在迦太基周圍幾個城市下船。不久新的船隊又在利克蘇斯（Lixos）重新組成。船隊繼續往南航行，中途停靠喀麥隆港口。從港口可以觀看附近火山爆發的情景。航隊在黃金海岸的港口停靠時，人們用玻璃球和銅交換象牙和黃金[134]。記載中沒有提到船隊的回程，因此推測當時船隊若還沒到達地中海，至少也應該到達加代斯（Cadés）或利克蘇斯等地。

　　《尼阿克旅行記》（Néarque）並非描述探險，而是亞歷山大城的部分軍隊從印度河移回蘇瑟（Suse），途經波斯灣的底格里斯河（Tigre）。尼阿克的海上航行路線長久以來一直為巴比倫商人所熟悉並採用[135]。

　　《厄立特里亞海航行記》（Mer Erythorée）是西元一世紀末留下的航海日誌，作者不詳。這次航行到達印度洋並獲得整體性的知識，尤其是對地中海的船隻而言。從蘇伊士繞過瓜達富伊（Guardafui）海角，到桑給巴爾（Zanzibar）的非洲海岸、阿拉伯半島的波斯灣沿岸、印度半島的東、西海岸，以及錫蘭島嶼（Ceylan）、本加爾（Bengale）和暹羅（Siam）都有很深刻的描述[136]。這本航海日誌提及海港之間的距離，進入港口應採取的謹慎措施、風向的問題、各港口貿易商品，因此這本書亦

---

[133] Idem p. 139.

[134] Idem p. 131.

[135] J. G. Demerliac, J. Meriat, Hannon et l'Empire Punique, Paris: Les Belles Lettres, 1983, p. 19.

[136] G. W. B. Huntingford, The Periplus of the Erythrean Sea, p. 39.

成為這些海域上從事貿易的商人隨身攜帶的手冊。

　　前面所探討的海上旅行，乃是指地中海以外的航路。實際上羅馬海上的航路中，地中海航路是當時最為繁忙的海域。以「羅馬」為中心的道路四通八達[137]。這些大道經過地中海沿岸：安提阿（Antioche）、亞歷山大、迦太基、那博納（Narbonne）、馬賽等城市，城市也是貨物的主要集散地，陸地上的公路把它們連接起來。此外，西班牙的油和高盧的產品也供應羅馬。南部地區運輸麥子的重要航路將北非和義大利聯結起來，通常船隻會從迦太基出發前往西西里島，再從西面繞過一個較大的島嶼前往普羅勒斯（Pouzzoles），前往亞歷山大的船則向南經過邁錫尼海峽[138]。

　　東地中海海路是從東方的海港布林迪（Brindes）出發前往各地。駛往希臘、敘利亞、巴勒斯坦的船舶沿著希臘古航線，順著普耶（Pouilles）海岸到達埃皮爾（Epire），再進入希臘海岸和沿岸的群島，這些群島恰好提供船舶良好的避風地[139]。東地中海的海上航線為數眾多，可以從羅馬出發前往埃及或其他各處。雖然羅馬並不是最好的出發地點，但旅行者卻可以從羅馬出發前往其目的地。由此可以證實，當時地中海海上交通的便利情形。從羅馬出發前往希臘有兩條路線。一條路線是走海路，從羅馬出發途經那不勒斯，越過邁錫尼海峽然後再繞過伯羅奔尼撒半島前往雅典；另一條路線可能需要經過一段從羅馬到布林迪的道路，然後越過亞得里亞海到達科林斯（Corinthe）西部港口，再繞過海峽。而去雅典則是一段輕鬆的海路航行，其中要穿過愛琴海，然後到達小亞細亞的以弗所（Ephèse）港口，從這裡有船隻再將旅行者送往希臘北部或南部等地[140]。

---

[137] L. Casson, Travel in the Ancient World, p. 150.
[138] Idem.
[139] P. Faure, Ulysse le Crétois, p. 206.
[140] L. Casson, Travel in the Ancient World, p. 151.

　　海上航行需掌握有關的航海資料做為指引，當時羅馬水手多憑個人經驗掌握口頭流傳的資料，舵手更需要掌握有關中途停靠港以及港口之間的距離，尤其還需會辨認星座以指引航行。因此可能每個舵手都有他自己的航海資料[141]。這樣他們的船隻在航行地中海以外的海洋時才不會迷失方向。

　　上述部分資料對海上航行自有其作用，例如安東尼路線圖（Antonin），除了羅馬公路網的描繪外，還有一部分被稱為「海洋路線」，這份地圖標明羅馬帝國沿岸各島嶼之間的距離，另外還包括兩條真正的航線，一條從阿契亞（Achaie）到非洲，途經西西里；另一條從羅馬到亞耳（Arles）。這兩條路線皆列舉沿海各港口的情況。尤其還標誌了河流入海口的珍貴資料[142]。入海口亦可以為船隻提供避風港，此外路線圖對所述地點的港口避風性質也做了說明。這張圖對航海旅行的距離也有說明，例如從迦太基到奧斯蒂亞（Ostie）的距離是五點二五斯塔特（Stades），也就是一千公里，這樣的距離說明海路旅行的艱辛。

　　有關海上航行的記載有兩種不同的方式：第一種方式公海航行，也就是漫長的越洋航行。航行中，水手看不見外海。第二種方式沿海航行，航行中船隻始終靠近海岸。

　　沿海航行時，舵手不得不借助於岸邊的助航標誌，這是一種放在高盧的方位標，例如易於修補的雕像、神廟。今天划船旅行者還是沿襲同樣的方法來辨識目標，船員靠著海岸的輪廓、醒目的港灣、形狀獨特的海角，甚至是易於辨識的小島來確定自己的位置。此外他們用水砣檢查龍骨幹的水深[143]。

---

[141] R. Lugand, Notes Sur l'Itinéraire Maritime de à Arles, p. 124.
[142] Idem.
[143] J. Rouge, op.cit., p. 81.

　　夜間的航行則危險重重，許多小船停泊在避風的水域，另外一些想節省時間的船隻則避開海灘，駛入公海，等到天亮之時，這些船隻又都回到岸邊港口處。羅馬一位海員馬提亞努斯（Namatianus）在航海日誌中記載：「……**這兒有一座燈塔，它將一個巨大的建築物托在空中，在月光下，它吸引了所有的目光；但是古人選中了一塊巨大的巖石做為他們的觀察點，浪濤拍擊，從岩石陡峭的峰頂可以俯瞰海面，他們建築燈塔堡壘有兩個目的：一是為了防衞作用，另外是為了向海外發信號[144]。**」

　　燈塔通常設在港口或河道的入海處，這樣夜間到達的船隻就能完全靠岸。不必浪費時間探路，亦不必擔心在淺灘上擱淺。

　　西元前二八〇年建於亞歷山大港口邊的一座高聳燈塔，航行的船隻可以在幾公里以外的海面上就看到它的光芒。此外，羅馬人在奧斯蒂亞、勞迪塞亞（Laodicée）、普羅勒斯（Pouzzoles）等海岸均設有燈塔[145]。

　　義大利的奧斯蒂亞燈塔設在克勞德港口（Claude）兩條堤岸之間的一個小島上，它的形狀是一個裝飾著壁柱和圓柱的數層樓高塔[146]。

　　和沿海旅行不一樣，公海航行和長距離旅行需要求助天文學方面的知識，觀察星星的排列可以確定船隻在航行路線中不會迷失方向。白天可以觀察太陽以確定時刻以及所在位置，這些天文學知識皆有助於掌握海上的航行。

　　夜晚，羅馬人採用腓尼基人的方法，以星座做為航行的指標[147]。但根據老普林尼（Pline L'Ancien）的說法，在中亞、東亞、印度等地方，人們不觀察星星，也看不到大熊星座，水手們放出鴿子觀察它們飛行，由

---

[144] Rutilius Namatianus, Sur Son Retour, Texte Établi et Traduit par Vessereau et Prechac, Paris: Les Belles Lettres, 1961, LI, Vers, 400.

[145] J. Rouge, op.cit., p. 82.

[146] D. Gorce, Les Voyages, l'Hospitalité et le Port des Lettres dans le Monde Chrétien des IVème et Véme Siècle, Paris: Picard, 1925.

[147] Pline L'Ancien, Histoire Naturelle, LVII XX 206.

此確定陸地的方向[148]。經過一段輕鬆或危險重重的旅行後，舵手憑藉航海知識到達目的地。水手們拋下錨，趁著有利的風向趕緊把旅客和貨物送到沙灘上擱淺的水船，待商貿活動結束後，舵手即命令起錨，然後很快駛向公海[149]。當然，這種短期停靠亦不可能是旅行的終點，港口才是旅途的終點。在這裡，船隻可以在平靜的水域拋錨，不必擔心颶風，可以安全卸貨、讓乘客登陸、重新裝貨，然後在船隻允許又氣候適合的情況下再次出發。相反地，如果冬季來臨，船主們就會利用這段不得不休息的時間修理船隻，爲以後的季節做好航行的準備。

羅馬帝國在克勞迪時期，下令修建奧斯蒂亞港。這個港口的重要工程從西元四十二年開始，直到西元五十二年才陸續完成。古羅馬學者蘇埃托尼（Suétone）曾經有這樣一段描述：「**克勞迪在奧斯蒂亞港左右兩側各修築了一條四分之一圓型的防波堤，在港口水深的地方，一道堤壩橫在入口處。爲了加固這道堤壩，人們從埃及運載一塊方尖碑放在那堤壩上，並建立一些柱子來支撐一座高塔……。港口建在台伯河入海口的北部，但是這個港口還是太小，不能容納所有的船隻。這些船隻一般都是前往普羅勒斯，從那裡運載小麥轉往羅馬，但人工港並不能應付所有的緊急情況，許多船隻也都在風暴中沉沒了[150]。**」

與奧斯蒂亞港比鄰的圖拉眞港之開掘彌補了這些不足，這個三百七十三公頃的低地沿岸可以容納兩百艘船隻，和奧斯蒂亞港連爲一體。奧斯蒂亞港有一條港內的運河，可以做爲它的前港，另一河爲台伯河的前港，其附近矗立著倉庫、穀倉、船運和貿商行[151]。此外，人們爲了

---

[148] Idem LVI, p. 45.

[149] Le Nouveau Testament, Actes des Apôtres, 27.

[150] Suétone, Vies des Douze Césars Claude, TII II XX.

[151] J. Rouge, Recherches Sur le Commerce Maritime en Mediterranée Sous l'Empire Romain, p. 124; Jérome Carcopino, La Vie Quotidienne à Rome à l'Apogée de l'Empire, p. 209.

使圖拉眞港免遭泥沙淤塞的命運，當時的工程師們挖了一條筆直的運河使一部分台伯河改道，這條新支線筆直入海，但另有一條引道聯結它和新港口，沖積地仍然在台伯河的舊河道上形成[152]。

從資料顯示，希臘人似乎是第一個在堤壩庇護的深水區修建船隻停泊場，此後羅馬人在奧斯蒂亞和其他許多地方仿效。圖拉眞皇帝也在羅馬北部的奇維塔維其亞（Civita-Vecchia）修建港口以方便沿海航行[153]。在奧斯蒂亞過於擁擠的情況下，這裡也給船隻提供另一個庇護所。

羅馬另外還有專爲軍艦停泊的軍港，主要是設在第勒尼安海（Tyrhé-nienne）的米塞內（Miséne）港和亞得里亞海（Adriatique）的拉韋納港（Ravenne）[154]。羅馬共和末年戰爭的頻繁與海盜的猖獗，說明常設艦隊的重要性。尤其是羅馬的宿敵米什拉達特（Mithridate）把海盜變成他的羽翼，又把海盜船變成他的戰艦後，艦隊的重要性不言可喻。

最適宜的海上航行季節是五月到十月，深秋、冬季和初春時海上航行充滿不確定的危險，這期間航行雖未完全終止，但是敢於航行的船隻寥寥可數，例如想牟取更多利益的商人、軍情緊急時派出的艦隊、解救飢荒的貨船等，他們往往必須冒險航行[155]。

通常決定船行速度和航線的因素是地中海夏季的風勢，也就是古人所稱的季風，風勢很有規律地從北面吹來，在這種情況下，從羅馬到亞歷山大的海上航行就受到這股強大氣流的推動[156]。

在順風的情況下，船隻航行一小時走七公里，據此估計從拜占庭到羅德島需五天的時間，從羅馬到科林斯需兩個星期時間，從直布羅陀到羅馬

---

[152] J. Rouge, Dossiers de l'Archéologie, p. 58, n°71, Mars, 1983, Cil XIV 88.

[153] G. Charles-Picard, Civilisation de l'Afrique Romaine, p. 80.

[154] Tacite, Ann L II V.

[155] L. Casson , Travel in the Ancient World, p. 150.

[156] Idem p. 152.

或迦太基則需一星期時間。

如果遇到逆風，從非洲返航就會更加困難，例如聖奧古斯丁從埃及乘船到馬賽花了三十二天的時間[157]。因此逆風、無風或暴風雨都會延長航程時間。

另一方面，商船停靠港口並不是出於旅客的需要，而是爲了自己的商業活動，儘管停靠延長了航程，旅客們卻樂於利用這個機會上岸觀光或拜訪親友。

海洋航行的航程因季風的影響變化很大，一方面與船隻的性能有關，特別是與它的堅固程度有關；另一方面則取決於停在港口等待啓航的時間，因爲只有具備了各方面條件方能正式出發。

至於羅馬人的迷信對啓航日的選擇有什麼影響呢？沒有任何羅馬船隻會在八月二十四日、十月五日、十一月八日啓航，每個月的月底普遍被認爲不宜進行海上航行。如果條件俱備，舵主要祭祀一隻羊或一頭小牛，如果沒有吉兆出現，啓航日就會延遲，出現凶兆更是如此，例如一隻喜鵲或烏鴉在桅杆上嘎嘎吱叫表示凶兆，不宜航行；海灘上發現一些船隻的殘骸，甚至做一些傷害明確的夢，船隻也需要延遲航期[158]。

商船主要用於運送貨物，其次才接待部分乘客。人們把酒和油裝在雙耳尖嘴甕裡，把它們一個個豎直固定在船隻的底艙內。一些中型的港口倉庫裡可以看到豐富的貨物，例如阿格德港口（Agde）有許多裝酒和魚汁的罈子、野豬的肉、橄欖油、穀物等等。至於馬戲團裡野獸之類的動物，則多半關在籠子裡安置在船艙下面；旅客們則被安置在上層甲板，除非繳交「艙位」費才有特權享受少量的「艙房」[159]。

---

[157] O. Perler, J. L. Maler, Les Voyages de Saint Augustin, p. 67.
[158] L. Casson, op.cit., p. 135.
[159] Petrone, Le Satiricon, CI.

　　因航行的性質不同，走的路線和載貨噸位也不同，有許多種類不同的船隻可供選擇。老普林尼曾經談到輕便載貨船、獨桅帆船。據他說，在紅海上，人們乘坐由紙莎草、燈芯草以及柳條等所編的草筏航行於沿海的島嶼間[160]。小船可以用來運輸雙耳瓶，一些特別專門用途的船則用來運輸馬匹，另一些船用來運輸建造公共浴池所用的花崗石，這些石塊重逾七十五噸，它們大部分從科西嘉島或薩丁尼亞島由海路運來[161]。

　　巨型船隻多半運送做爲實物稅的小麥，小麥裝在布袋裡，置放在艙內。羅馬的學者呂西安（Lucien）曾經描述一艘偏離正常航道的巨型運麥船：**「這艘船真大呀！船上的木匠告訴我它的長度有一百八十尺，實則是這個數字的四分之一強，從甲板到底艙的最低點距離四十尺，桅杆的高度更是令人驚嘆！還有那上面的橫桁，下面的支撐多麼有力啊！船尾成曲線上翹，末端成鵝頭狀，另一端則向船首傾斜，稍平一些。上面裝飾著船神愛西絲神像，它也是這艘船的名字，每件東西都令人難以置信：裝飾豪華的船隻，後艙全體船員就像一支軍隊，他們告訴我船上的糧食足夠全雅典吃上一年，這一切的安全都會掌握在一個小老頭的手裡，他靠著一根平平常常的小棍子操縱舵槳，他們把他指給我看。這個長著灰色頭髮，半禿的小老頭，他叫埃翁，真了不起……[162]。」**

　　這樣的巨型駁船可以裝載一千噸小麥以及上百位旅客，在古代的海上貿易可以說是個奇蹟[163]。難怪韋斯巴鄉皇帝（Vespasianus）喜愛它們勝過他的雙桅戰船。船隻所以受到青睞倒不是因爲它們體積龐大且舒適，而是因爲它們的速度很快。

---

[160] Pline L'Ancien, Histoire Naturelle, L VII XX, p. 206.

[161] G. Charles Picard, La Civilisation de l'Afrique Romaine, p. 86.

[162] Lucien Samosate, Le Navire ou les Souhaits Oeuvres Complètes, Traduction Nouvelle avec Notices et Notes par Emile Chambry, Paris: Garnier Frères, TIII LXV 1-2, 5-10.

[163] L. Casson, op.cit., p. 158.

　　小船可以借助槳板前進，載著沉重貨物的大船只能憑藉風力，這些船有一兩個甚至三個桅杆，桅杆上配備著矩形帆的巨大桅桁。舵手知道根據風的情況操縱它們，使船能在兩隻舵槳的幫助下沿正確的航路前進。小船僅在船首及船尾部分有甲板，尾部有船艙用來遮蔽廚房，供部分船員使用。大船可以從頭到尾都是甲板，船首及船尾各有一個中艙。這一點對船隻而言非常重要，因爲如果底艙放貨物，甲板就是給乘客用的，而中艙則給特別身分的旅客使用[164]。

　　事實上，旅客們是在甲板上一個不大的空間裡完成他們的旅行，吃穿都在那兒解決。甲板四面都是粗大的繩索、眾多鐵鎬，一些用來固定船隻，另一些是漂浮錨，在暴風雨中減低船速，這些器械也構成旅客生活的常見裝飾。船錨在航行中占著很重要的地位，這一點可在地中海沿岸新發現的古代船隻常用的錨得到證明[165]。主錨稱爲慈悲錨，置於船的首尾，在整個航行中旅客都能看得見。對他們來說，這是希望的保證。

　　另外，船舶在尾部備有一隻小船，當船停泊在近海岸不能進入港口時，小船就往返運送旅客上岸，尋找淡水和食物。在港口則必須小心看守這隻小船，以防被人偷走[166]。此外，商船並不是渡海航行的唯一船種，戰艦是一支重要的船隊，儘管經常被摧毀，卻能很快得以重建。

　　對於羅馬人海上航行的船隻類型我們已經有了了解，這些古代船隻已經被古代藝術家參照壁畫、繪畫、紀念碑等複製，近代海底考古也對這方面的研究提供輔助資料。

　　羅馬建立的海上交通設施主要還是因應經濟方面的需求，屋大維實現了統一的疆域，公路網更普及帝國的每一個角落，軍隊修建的戰略交通

---

[164] J. Rouge, La Marine dans l'Antiquité, Paris: PUF, 1975, p. 48.
[165] Idem p. 68.
[166] Petrone, Le Satiricon, CII.

線，更使羅馬帝國能夠迅速在帝國境內境外快速行動，羅馬的公共信差則是走遍帝國各行省。因此在羅馬帝國時期，商業的興起也與公路網的修建有密切關係，此外，貨幣的鑄造也方便了商品的交換，航海技術的進步更使海上航行不再是艱難之事。

　　旅行者通常亦擁有不同的交通工具以適應不同的需求，他們隨身攜帶地圖，在路途中遇有里程碑可以提供旅途資訊，為商人提供方便的各種設施也日益完備並向羅馬其他的地區推廣。

　　然而，旅程的艱險還是難以估計，因此羅馬人無論使用什麼樣的交通工具及地面設施，還是無法保證旅行的安全。

第五章　旅行者的冒險和樂趣

第一節　陸路旅行的危險性

　　雖然公路系統尚稱健全，但古代羅馬人出門遠行仍是忐忑不安，一旦決定要遠行就必須有十分妥當的準備，決定了行程即表示踏上一個完全無法預料的前程，事實上羅馬人的旅行是冒險大於樂趣，尤其是旅行途中常常遭遇突發事件，讓這些旅行者措手不及。無論是海上或是路上的旅行，羅馬人其實在出發時就已蒙上冒險的色彩。

　　羅馬人旅行充滿不確定性，旅途上的不安全感亦困擾著他們。羅馬人旅行通常都會結伴而行，路途上的強盜或散兵游勇都令他們害怕……。走熟悉的路途，或許會讓他們忘記危險。找一個能夠信任的人一同旅行，可決定旅途的愉快和安全。富人有大群僕役前呼後擁，因此旅途雖然辛苦卻也顯得熱鬧，不會感到孤寂。中產階級的人可以找好朋友相偕而行，享受旅途上交談的樂趣，如果能平安到達目的地，亦會留下美好的回憶[1]。此外與博學多聞的人結伴同行也是旅途中的一大樂趣，這些充滿智慧的學者，在旅行中常被眾多的弟子們一路簇擁，他們聆聽大師充滿哲學智慧的交談，弟子們與老師幾乎是形影不離地結伴而行，旅途中彼此間不但可以授業解惑，更可進一步增加旅行的樂趣，到處充滿歡笑與書卷聲[2]。

　　羅馬征服北非之後當地仍時常發生叛亂，提比略（Tibére）時發生過羅馬軍團逃兵事件，一名逃兵塔克發立那斯（Tacfarinas）糾集一群流離失所的流民，組成一支龐大的隊伍在帝國的迦太基燒殺擄掠，這本是一群烏合之眾，羅馬卻費了八年時間才勉強平息這支叛亂隊伍，這在羅馬歷史上極少有[3]。旅行者除了必須面對上述危險，還要提防一些強盜、個別的

---

[1]　U. E. Paili, Vita Romana, Zéme Edition, Firenze: Annoldo Mondadori, 1980, p. 200.

[2]　Philostrate, Apollonios de Tyane, Paris: Gallimard, 1958 (La Pléiade). p. 14.

[3]　P. Petit, Histoire Générale de l'Empire Romain, op.cit., pI, p. 103.

散兵、逃脫的奴隸，這些人視法律如無物，況且還結夥組成非正規的隊伍隨時準備犯案。

強盜窺伺的不僅是人，還有馬匹，這種四足動物是人們不可缺少的陸上交通工具，也是重要的運輸工具，而且馬匹的利潤很不錯，旅行者的馬匹常常被偷，沒了馬匹極為不便，必須重新買馬匹，這時偷兒往往再將偷來的馬匹賣給原失主[4]。另一種強盜則是專門搶劫家畜，他們在路上或其他牧場裡搶劫。當然，財物還是這些強盜的目標。

旅行者為了保護其財物通常也會採取各種措施保護隨身攜帶的現金和珠寶，他們把貴重物品放在錢袋裡[5]，再把錢袋掛在腰帶上，或直接放在脖子上掛的小袋裡[6]。對於身無分文的人而言，旅行反而很輕鬆[7]。小偷當然不會光顧這些窮人。

帝國初期乃至於中、晚期，不斷有作家描寫強盜殺人搶劫的故事。小普林尼就曾記述當時新任百夫長霍比斯圖斯（Robustus）失蹤的故事，在他上任的途中突然消失不見，人們有各種不同的猜測版本，也許是不滿的奴隸殺了他，或者是強盜搶劫之後再殺掉他。這是一件懸案，但可以確定的是並非突發事件。此外，小普林尼另一個朋友克里斯布朗在旅行的途中也失去蹤影，沒有人知道他到底發生什麼事[8]。由於陸路旅行如此令人不安，有些富人高官寧可走海路也不走陸路，西元五世紀一位高盧官員路提利烏斯（Rutilius）從羅馬前往高盧，人們勸說走陸路比較安全，最後他還是選擇了海路，雖然海上航行也有顧慮，但他還是採用這種旅行方式[9]。

---

[4] Idem p. 105.
[5] L. Casson, Travel in the Ancient World, ch10, p. 176.
[6] Idem p.177.
[7] Idem p.179.
[8] Pline Le Jeune, Lettres, TII L VI 25 là 5.
[9] Rutilius Namatianus, Sur son Retour. p. 19.

　　有鑑於此，帝國初期屋大維皇帝為了加強旅行者的安全，在各個地區設置軍事哨所壓制搶劫行為[10]。以軍隊對付強盜是帝國時期常採用的措施，武裝的巡邏士兵常在路上巡查，旅行者或許以為遇到這些巡邏隊會比較安全，然而恰好相反[11]。因為這些旅客很有可能成為不肖士兵的獵物。

　　被捕的強盜常會受到嚴厲懲罰，被判刑或釘十字架，這種刑罰也具有一定的嚇阻作用。羅馬作家佩特羅尼（Pétrone）描述：「**東方行省的總督把捉來的強盜釘死在十字架上……[12]。**」使得強盜的勢力受到抑制。爾後，成群的盜匪亦逐漸瓦解消失。

　　西元前四十五年初，凱撒終於控制整個國家，並舉行了一場盛大的遊行活動，羅馬的街上擠滿人群，大家都引頸企盼能夠看到凱旋將軍凱撒，通往卡匹托勒山丘的道路上，好幾十頭大象踩著笨重的步伐前行，凱撒坐著馬車奔向神廟，告知朱庇特神他克服了勁敵龐培，且在各大小戰役中贏得勝利[13]。

　　羅馬的凱旋儀式猶如嘉年華會深受人們歡迎，首先由於羅馬人自信心提升使得愛國主義思想更為加強，其中一車又一車的金銀財寶、一個接一個的俘虜、軍士們精神抖擻列隊前進，隊伍綿延一公里之遠，隊伍中有前導隊、軍旗、軍樂聲、百人隊長、將軍等穿著羅馬軍服，氣勢雄壯、威武，表現出帝國的威風，羅馬人一定會在羅馬廣場上舉行盛大的凱旋儀式[14]。從共和初期到後期的改革時代，羅馬廣場上已經有數不盡的凱旋儀式，每一次都是人山人海。

　　羅馬作家佩特羅尼曾說過：「**羅馬人掌握了世界，他們戰無不勝，控**

---

[10] Suetine, op.cit., Auguste, TI LII XXXI.
[11] Apulées Les Métamorphoses, TIII LIX XL.
[12] Petrone, Le Satiricon, CI.
[13] Suetone, Vie des Douze Césars, Césars, TII LV XXXIII.
[14] Petrone, Le Satiricon, CI.

制了陸地、海洋，甚至星辰。然而羅馬人似乎還是不滿現狀[15]。」上述的
凱旋場面，如果我們能夠親歷其境，或許真的會有一種身為羅馬人的榮
耀，那種勝利的反射……即使是下等人，只要是羅馬公民之一皆會被感染
到身為羅馬人的驕傲。

　　美國在第二次世界大戰打了一場大勝仗，隨後在紐約也舉辦了一場
凱旋儀式；中國經歷八年抗戰，最後勝利也舉行凱旋儀式，原來這種凱旋
儀式源自羅馬廣場。羅馬廣場現在僅剩廢墟，但還是可以看出它昔日的面
貌，長方形、羅馬的心臟地帶，矗立了各種政府機關、神廟、公共會所、
凱旋門、宮殿、圓形劇場等，外省的旅行者來到羅馬，一定會被這幅壯闊
的景象震懾。

圖5-1　希臘神廟
資料來源：劉增泉攝

　　羅馬神廟外貌形似希臘神廟，但實際上改良了希臘的列柱式建築，又將伊特拉斯坎建築物基座的小丘轉變爲平臺，整體外觀如同「步步高升」，尼姆的方形神廟就有相同的平臺。羅馬現有提圖斯、維斯巴鄉和君士坦丁三座凱旋門，它們所代表的意義是：羅馬不會被征服。凱撒便曾說過：「**我來、我見、我征服**[16]。」換言之，只有羅馬征服別人，沒有被征服的一天。

---

[16] Suetone, Vie des Douze Césars, Césars, TII LV XXXIII.

第二節　惡劣的氣候與自然的災害

　　除了暴風雨和海難，另外還有一些不太常見的自然災害，如果旅行者能幸運地從突如其來的災難中脫身，他們會祈禱自己或家人永遠不再碰上地震、火山爆發、海嘯、暴風雨、水災、瘟疫和火災等。

　　這些自然災害威脅著每一位出外旅行的人。對於經常發生自然災害的地區由於已經有豐富經驗，因此經歷的風險要小些。羅馬人對於不可預測的未知總是感到很恐懼。當大規模災難爆發時，毫無準備旅行者更容易成為犧牲品，這種驟然降臨的災難，是他們難以磨滅的記憶。

　　這些災難中地震所占的比例很大。羅馬作家奧陸格列（Aulu-Gelle）曾經對地震的現象進行深入的思考，他認為可能是強風闖進了陸地低窪地，或進入山谷中的裂縫而引起地殼的震動，也有可能是海流衝出，使岩岸的洞穴地下層沸騰的緣故。但無論如何，人們在這個問題上還沒有可靠的解釋[17]。

　　蒂亞納（Tyane）的阿波羅尼奧斯（Apollonios）在他的弟子達米斯（Damis）陪同下，目睹了羅馬人在大地震動中的驚慌情形，他特別提到卡塔納（Catane）居民碰到地震時的恐懼，人們認為地震的發生是由於颱風的存在，颱風則是由埃特那（Etna）火山上來[18]。颱風是希臘神話中的一個人物，對諸神戰爭中，他被宙斯用雷霆擊斃後被埋在埃特那山下，他有好幾個蛇頭，吐著火，羅馬人對颱風是非常恐懼的[19]。深怕祂一發火又引起了地震。

　　小普林尼在給朋友塔西佗的信中，描述了西元七十九年維蘇威火山爆發時的情景，他的叔叔老普林尼死於這次火山爆發中，「……一連幾天，

---

[17] Aulu-Gelle, Les Nuits Attiques, LII XXVIII.1.2.

[18] Philostrate, Apollonios de Tyane, LV.14.

[19] M. Grant et J. Hazel, Who's Who de la Mythologie. p. 21.

人們都預先感覺到大地的震動，卻沒有大驚慌，因為在坎帕尼亞，人們早已對火山的爆發習以為常……[20]。」

　　據小普林尼的說法，正在噴發中維蘇威火山嚇壞了周圍的居民，人們拚命乘小船出海逃命，含硫磺的蒸氣令人窒息[21]。老普林尼便是因窒息死亡[22]。

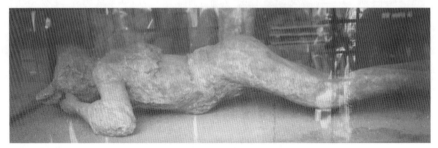

圖5-2　維蘇威火山噴發時一位龐貝城居民伏地而亡
資料來源：劉增泉攝

　　維蘇威火山爆發的景象讓人們驚慌萬狀，許多人舉手向上天祈禱，但更多人認為神已拋棄他們，這個夜晚就是他們的世界末日[23]。

　　埃特那火山的噴發對居住在附近的人而言稀鬆平常，但在旅行者看來卻是一件驚慌不

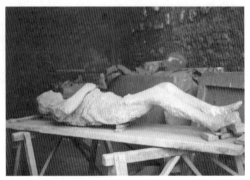

圖5-3　仰臥窒息死亡的龐貝城居民
資料來源：劉增泉攝

[20]　Pline Le Jeune, Lettres, TIIL VI.20.3.
[21]　Idem TIILV.20.8.
[22]　Idem TIILIV.20.10.
[23]　Idem TIIL IV.16.

已的事情。羅馬皇帝卡瑞卡拉在這個地區旅行時，看到火山冒煙並聽到火山共鳴的聲音，嚇得全身發冷[24]。

圖5-4　維蘇威火山爆發使龐貝城的競技場也掩埋在火山灰中
資料來源：劉增泉攝

火山爆發或地震發生時會引起海嘯，水手們對這種現象也多有了解，因此可以預先防範。海嘯雖然不像前面提到的暴風雨具有強烈破壞性，但對於途中遇上的旅客來說卻是印象深刻。

在海上，暴風雨對於船員和乘客而言是一樁極驚慌之事。天色昏暗、風帆被雷電擊中後燃燒，此時經驗豐富的舵手已經為進水的船找一個避難的地方，當然在他們關心旅客的安全之前，更在乎船上貨物的命運[25]。

風暴會帶來其他的災難。「**大雨伴著狂風不但使河水上漲且致使高山崩塌，河流氾濫，一天連著拔起兩座橋……**[26]。」這是凱薩對西班牙西柯里河（Sicorie）氾濫的描述。連續幾天的大雨使交通完全受阻，塔西佗講述羅馬士兵遇到大雨迫使他們不得不待在帳篷裡[27]。

台伯河在淺浮雕上的形象是一位長鬍子的安靜老人，祂戴著蘆葦編織的花冠，身體斜躺著，一手支著腰，另一手執船槳做為權杖，看上去一點都不令人感到擔憂，然而祂在天時不正的時候，也對羅馬人做些出其不意

---

[24] Suétone, Vies des Douz Césars, Caliyula, TIILIIILI.

[25] Juvenal Satires, XII.19-82.

[26] César, La Guerre Civile, I.49.I.48.

[27] Tacite, Ann LI.XXVI.

的壞事。「祂從床上起來，在城市地勢低窪的地方氾濫，祂堵住了山谷，淹沒了田野。當祂回去時，身後卻留下難以估計的破壞物和屍首[28]。」

台伯河氾濫沖走樹林、建築物、成群的牛羊和居民，也淹沒田野並摧毀祂所碰

圖5-5　台伯河神形象是一位長鬍子的安靜老人
資料來源：劉增泉攝

到的一切東西。這種情況下，旅行者會有很長一段時間不敢再度外出旅行[29]。他們禁不住想，這可能是神的旨意禁止他們外出[30]。

由於連降大雨亦致使土壤中的水分過度飽和，這是引起水災的主要原因。羅馬皇帝奧古斯都因而派人加寬並清理台伯河，可是到今天它仍然令人擔憂[31]。

提比略皇帝對反覆發生的河水氾濫感到擔憂，他選擇祭祀台伯河，希望能減少祂的發怒[32]。

對老普林尼而言，火山爆發與其他自然災害相比可愛多了，火山爆發所噴出的火焰儘管很美麗，但也很可怕，附近的島嶼、住宅、莊園、旅店等都難免受到波及引起火災。奧古斯都時期，人們組織一支消防隊專門應

[28]　Pline Le Jeune, Lettres, TIIIL VIII.17.1à 4.
[29]　Idem TIIIL VIII.17.1à 4.
[30]　Idem.
[31]　Suétine, op.cit., Auguste, TILIIXXX.
[32]　Tacite, Ann LILXXIX.

付火災[33]。

來到羅馬旅行的外地人亦有可能碰到首都發生火災，主要原因是羅馬的房屋多爲木造，加上手提暖爐、蠟燭、油燈、傍晚照明用的火炬等，到處都隱藏著火苗[34]。小普林尼在旅途中也遇到過火災，但在偌大的城市內卻沒有救火的設施，因此他向圖拉眞皇帝請求設立一支消防隊，然圖拉眞害怕消防隊故意縱火而拒絕其請求[35]。西元六十四年七月十八日羅馬城發生大火，有很多人喪生，人們怪罪尼祿不准市民救火，從此以後羅馬人便無時無刻準備救火、防火[36]。

根據中國史書記載，西元一六六年羅馬商人來到中國，攜帶了一些禮物送給中國皇帝，還把羅馬的金幣、銀幣帶入中國。羅馬的旅行者也說明其目的主要是爲了做生意。**「我們和印度、安息等國都有貿易往來，利潤可觀，我們非常重視商業的信用，絕對誠信，貨物價格方面也力求公平，不亂開價[37]。」**爲了得到中國官方的盛情接待，旅行者發揮辯才，自稱是羅馬派來的使節，聲稱他們到達印度時曾接受當地國王的盛情款待，還派漁民引導他們的船隻入港。羅馬皇帝本身也非常重視外國來的使節，使節到達邊境之前就會派使者前往迎接，從邊境到羅馬城之間每個休息的驛站都會給予金幣做爲禮物。

接著這些羅馬商人又強調，羅馬皇帝一直希望和中國交流，期盼能派使者到訪中國，和中國直接建立商貿關係，無奈帕提亞人從羅馬和中國的絲綢貿易中牟取暴利，他們禁止羅馬人「借道」前往中國，以致於千辛萬苦乘船來到這個令每個羅馬人嚮往的國度。這些吹噓還眞的發揮一些作

---

[33] Pline L'Ancien, Histoire Naturelle, LVIII 7.

[34] Paul Petit, Histoire Générale de Empire Romain, op.cit, p. 23.

[35] Pline Le Jeune, Lettres, TVLX.33.

[36] Tacite, Ann I.XVXXXVIIIA XLIII.

[37] John Thorley: "The Roman Empire and the Kushans,"Greece and Rome, Vol. 26, No. 2, 1979, pp. 181-190 (187f.).

用，但這當然是一種誤導，以致於中國史書記載：「**羅馬皇帝安敦派遣使者來到中國[38]。**」

　　羅馬人對印度的熟悉遠勝於中國，因此以印度為中繼站，再繼續前往中國乃是必然之事。《厄立特里亞海航行記》記述他們由印度起航到達馬來半島的所見所聞。對於印度恆河河口的這個大島，他們感到驚嘆，這是最靠近東北方的土地（實際上是馬來半島），島上盛產金子，羅馬人稱這個島為金洲島（金子之島），這些商人大肆吹噓這裡遍地都是黃金。靠近馬六甲海峽有一座城市支那，這裡是海上絲綢的集散地，再由此處把絲綢運送到印度的巴里伽扎（Balijiazha），再輾轉運到羅馬[39]。

　　《厄立特里亞航行記》中還描寫此地的人種長相，身材短小，大餅臉，他們製造一種竹籃，這種竹籃有葡萄葉般的翠綠，主要做為晚上睡覺之用，這些人實際上就是食人部落[40]。

　　普林尼的《自然史》曾記載蘇門答臘的印德拉普山（India Delap），羅馬人由此繞過馬來半島，途經馬六甲海峽，北上到達中國南方港口，這條航線為中國人所熟悉，航行也比較安全，因此古代的中西交通多靠這條航線，航行到印度的恆河，由此接陸路到達西海，再到紅海，進而轉運到羅馬帝國境內[41]。這就是由羅馬到印度再轉往中國的海上、陸上交通路線。

　　這條航線在西元二世紀由希臘人所開通，他們了解何謂季風，更運用季風達到航行的目的，他們曾經從印度東海岸橫渡到緬甸的仰光，又沿著孟加拉灣海岸航行，穿過馬六甲海峽到達今天的泰國和柬埔寨海岸，繼續前往中國[42]。

---

[38] J. Thorley: "The Silk Trade between China and the Roman Empire at Its Height, 'Circa' A. D. 90-130," Greece and Rome, Vol. 18, No. 1, 1971, pp. 71-80 (76).

[39] Milton Osborne, The Mekong: Turbulent Past, Uncertain Future, 2001: 25. p. 12.

[40] J. Thorley, The Silk Trade Between China and the Roman Empire at Its Height, 'Circa' A. D. 90-130" Greece and Rome, Vol. 18, No. 1, 1971, pp. 71-80 (77).

[41] J. Oliver Thomson, A History of Ancient Geography, Cambridge 1948, p. 311.

[42] Idem p. 313.

　　然而到了西元三世紀初，羅馬帝國政治不穩，沒有能力顧及與印度及中國的關係，此時阿拉伯海岸由阿克蘇姆人（Axum）控制，羅馬對中國的貿易也趨緩，直到西元三世紀末戴克里先皇帝時，羅馬與中國的關係才有改善，然而阿克蘇姆人還是扮演關鍵的角色。

　　《聖哲羅姆書信集》（Shengzheluomu）中曾經指出：「**航行在紅海地區的水手們有防身用的武器，因為岸邊有蠻人和野獸出沒，稍一不慎就會遭殃[43]。**」從紅海到印度後，再沿孟加拉灣到達恆河口岸，這段路聖哲羅姆曾經有下列記述：「**河水的源頭來自天堂，水中具有一股芬芳的香味。在這有數不盡的珍寶，鑽石、珍珠、紅寶石、藍寶石，在寶藏之處有一頭猛獸守在洞口，牠是這裡寶藏的守護神，防止人們接近……[44]。**」西元四世紀時，這樣的藏寶故事著實會讓很多人相信，有一個埃及人從紅海邊的阿杜利斯港登上一艘開往孟加拉灣的印度船，結果尋遍了孟加拉灣的每一個小島，就是找不到藏寶處，還被當地國王扣留，做了六年苦工才放他回去。

　　海上絲路一直都是通暢的，即便到了西元三世紀初，羅馬帝國的外交內政不彰，這條路還是為人們所悉，但到了西元七世紀阿拉伯人興起，埃及為阿拉伯人所控制，紅海成為阿拉伯人海，此時西羅馬帝國也已滅亡，歐洲成為蠻族社會，他們進不了紅海，沒能力出海[45]。拜占庭帝國的勢力開始消退，前往中國的陸路還能勉強通行，海上交通卻愈來愈模糊，最後從人們的記憶中完全消失，直到西元十五世紀新航路發現時，人們才記起羅馬人的海上絲綢之路。

---

[43] Lettres Croisées de Jérôme et Augustin, Traduites, Présentées et Annotées par Carole Fry, Éditions Migne et Belles Lettres, 2010. p. 31.

[44] Idem.

[45] J. V. G. Mills, Cambridge University Press, Translated from the Chinese Text Edited by Feng Chen jun. with Mao K'un Chart, White Lotus Press, Bangkok 1997. p. 19.

第三節　海上旅行的狀況

比起陸上的旅行，羅馬人海上旅行的準備工作要簡單得多，然而航海旅行通常要等待適合的季節，才能順利地開航。

除了部分地區有固定的專門客船外，大部分地區還沒有專門的客船，羅馬人要尋找一艘開往各自不同目的地的船，還要花一段時間。如果在出發的地點找不到這樣的船，就不得不先前往一個轉折的中間點，在那兒也許可以找到一艘船帶他們去目的地[46]。旅行者除了攜帶自身的行李外還必須帶「通行證」，他們可以隨身帶著做飯的工具或乾糧，睡在自己所搭的小帳篷裡。

在海上旅行，有一些關於乘客的禁忌必須要遵守：**「除非海上有狂風大浪，船上任何人皆不得剪指甲或剪頭髮，犯過失的人必須處死」**[47]。

這樣才能使船的保護神不會動怒，也只有這樣才能使船潔淨，並保佑船員與旅客平安。如果人們所託帶的信裡有褻瀆神明的字眼將是一個凶兆，因為船上絕對不允許有褻瀆神明的行為[48]。

漫長的海上航程中，乘客需設法消磨時間，他們可以根據個人興趣參加一些由旅客組

圖5-6　在海上旅行的人會到海神波賽頓神殿祈求航行平安

資料來源：劉增泉攝

---

[46] L. Casson, Travel in the Ancient World, p. 154.

[47] Petrone, Le Satiricon, CIV.

[48] L. Casson, op.cit., p. 154.

成的社團活動，經由活動增進彼此的友誼。加松（Casson）記載一艘由埃及亞歷山大港開往羅馬的船隻，這艘船可以搭載六百名旅客，是亞歷山大到羅馬航線上最大的一艘船[49]。美國學者加松並沒有說明這艘客船的設備，倒是使徒保羅在海上旅行中記載了他當時所搭乘客船的情況。聖保羅說，他搭乘的這艘船上，船員與乘客總共有兩百一十六人。平均每一位乘客有一平方米的甲板空間[50]。願意出高價的旅客則可以享受一些優待，他們可以坐在船尾的椅子上和船長聊天，因為船尾處於順風處，空氣比較新鮮，這裡的旅客當然會感到比艙底舒適多了。艙底的感覺實在難受，除了噁心的氣味外，還攙雜滲透進來的海水和各種有機物的臭味。

當船隻靠近港口時，船員們也忙於他們的工作，旅客此時可以做短暫的消遣，這也消除了他們在海上航行時的單調和寂寞[51]。旅客最好不要到離港口較遠的地方，且應隨時注意船的動靜，當船員叫人們上船時，得趕緊上船，否則船員會很生氣地把乘客捆起來扔進船裡，就像對付牲口一樣。

海上的航行，順風與否非常重要，風向往往會使航程難以估計，沒有風的時候，船一動也不動地逗留在海上，旅客也不得不等待，通常每年八月到十月的季風最適合航行[52]。

風力太弱時很難鼓動風帆，船隻在海面上也無法動，風力太強又會造成許多危險和不便。西賽羅認為由於強風使他在希臘阿提加（Attique）半島的佐施特（Zoster）港多耽擱了一些時日[53]。事實上西賽羅遇到的情況僅是增加一些不便，羅馬另一個作家塞納克（Sénéque）就沒有這麼幸

[49] L. Casson, Travel in the Ancient World , p. 154.
[50] Le Nouveau Testament, Acte des Apôtres. 27.33.
[51] Manuael d'Epictete, Traduction P. Commelin, Paris: Garnier Fréres, 1996, VII , p. 280.
[52] Aulu-Gelle, Les Nuits Attiques, TI LII XXX , I-II.
[53] Ciceron, Correspondance, TIII CCI (Att. v. 12).

運，他用文章表達對海上旅行的恐懼：「**既然我已經上了船並決意出海，那我還有什麼不能忍受的呢？[54]**」然而等他上了船，海象不佳，一陣陣巨浪撲來令他痛苦萬分，此時他開始暈船、噁心、恐懼，再也待不下去，寧可跳進海裡游走也不願在船上活受罪。使徒保羅的跟隨者也曾經歷相同的恐懼，當他們的船隻被突如其來的巨浪湧來時，船身劇烈地上下、左右搖擺，他們緊挨著蹲在一起，因為胃部痛苦的痙攣而緊閉著雙眼或雙眼望著海天交接的地方，他們害怕風向會使旅途變長，更害怕暴風雨襲擊，然這在地中海是常有的事[55]。

　　狂風大作時，舵手和水手奮力跑向自己的崗位，他們在暴風雨中收起船帆，現今還可以從羅馬博物館的壁畫中看到描繪收帆的情景[56]。如果船長富有經驗、船離岸又不遠，它可以就近駛入一個避風港，但是那些可供船隻停泊的海岸，或許因為風浪過大，致使停在岸邊的船隻受損，更嚴重的是有些旅客還沒上岸，劇烈搖晃的船身使馬匹、行李、旅客、船員皆散落在海裡隨即被海水吞沒[57]。運氣較好的旅客好不容易游泳上岸，但旋即被強盜搶劫殺害。羅馬作家阿普列（Apulée）在其著作《變形記》裡就有這樣悲慘的記載，一位英雄所乘的船隻遇到大風浪不幸沉沒，但游泳上岸的旅客卻遭強盜殺死[58]。另一些人則永遠上不了岸，因為他們隨著船身永遠沉沒在海底深處。如果船身能夠抵擋住海水的衝擊，適宜的海岸又在船隻的順風處，船員們會立刻拋下船尾的錨，阻止船隻向深水處漂移，接著他們會把小船放進海面上以安放新的錨[59]。然後把船尾擱淺在海灘上，這是船員們保護船身和方便操作航行的辦法。

---

[54] Sénéque, op.cit., TII.
[55] Le Noveau Testament, 27-33.
[56] Tetrone, Le Satiricon, CXI.
[57] Tacite, Ann LI LXX.
[58] Apulées, Les Métamorphoses, TII XIV.
[59] Idem.

如果風勢太猛則船隻上的帆要收起，萬一船上開始進水，人們會不惜代價把貨物扔到海上，並且砍倒桅杆以減輕船隻的重量，等這一切都做完，就只有聽天由命了**60**。新約全書中有這麼一段記載：「**使徒保羅的船隻被暴風從克里特島一直吹到愛琴海另一個小島莫爾特，保羅很幸運地活下來，上岸之後他們靠當地人的幫忙，人們取火來烤乾衣服和取暖，且受到熱情的款待61**。」保羅再等了三個月才有一艘路過的船，帶他到義大利的普羅勒斯（Pouzzoles），對於那些在船難中保住性命的人來說，他們的經歷是一齣精采的故事。海員為了表達他們的歉意，個個都剃光頭以示贖罪**62**。並愉快地講述他們曾經歷過的危險。

羅馬的作家在描述海難經歷時，其恐懼感是毫無疑問的。聽憑海風的擺布，船隻航行於在藍色的海上，欣賞海天一色的美景，海鷗飛翔，夕陽西下，這是現代人郵輪航海的樂趣。羅馬的作家卻從來沒有描述過在船上的消遣活動，搭船對他們而言並不愉快，相反地是一件萬不得已的事，因此人們總是描寫對港口的無盡期待，等待上岸似乎是船上人員共同的期待。

海上旅行最大的樂趣是到達港口時，這一時刻，旅客們可以感到船舶駛進平靜的水域內，甲板上的人也可以看到一道堅固的堤岸擋住了大海，臨近的丘陵也阻擋了風勢，旅客們上岸後立刻體會到精神與肉體的鬆懈，他們感到找回原來的自己，此時此刻可以不必再為生命擔憂。

滿載著貨物和旅客的船隻往往是海盜覬覦的對象，海盜永遠是船隻最大的威脅。西元前六十七年，龐培在海上曾經與海盜有過一場激烈的海戰。凱撒年輕時也曾經被海盜劫持，被扣留四十天，最後家屬以五十搭倫

---

60 Idem.
61 Le Nouveau Testament, 27. 33.
62 Juvenal. Sat. XII.77-82.

特贖金才把凱撒贖回來[63]。此外安東尼的女兒也曾被海盜挾持，最後她的家屬付贖金之後才返回[64]。被海盜俘虜的旅客如果沒有錢付贖金，他的命運就悲慘了，有可能被帶到奴隸市場賣掉或殺掉。

海盜在海上的橫行霸道使羅馬人感到恥辱，共和後期龐培就被派去掃蕩海盜，龐培最後平息東地中海地區的海盜，並把敘利亞納入羅馬帝國的版圖[65]，於是義大利海岸獲得一定的安全。此外，奧古斯都也曾下令派兵驅逐海盜，因此將近兩個世紀海盜從地中海消失了[66]。

西元前一世紀，羅馬人即已知有一條通往東方的海上絲綢之路，這條海上航路是前章所述的厄立特里亞海，它介於印度和阿拉伯半島及紅海之間，希臘、埃及的航海家對這條路線都很熟悉。埃及在地緣關係上遠自西元前二〇〇〇年就已經和美索不達米亞來往密切，西元前一〇〇〇年腓尼基人即已到達波斯灣，印度人也已到達非洲海岸，阿拉伯人更是這條航線的霸主[67]。換言之，從羅馬到東方的這條海上絲綢之路，古人已經摸索了上千年，但囿於地理知識的貧乏，當時的羅馬人終究無法了解真正的東方世界。

我們從西元一世紀中葉留下的一部航海日誌《厄立特里亞海航行記》了解去中國的主要航線。

第一條航線起點是位於埃及的霍爾木茲，船隻航行通過紅海，經亞丁灣，再過廣大的厄立特里亞海後到達印度穆濟里，然後沿著印度半島海岸線經過孟加拉灣，再沿著中南半島穿過馬六甲海峽抵達越南，再轉往

[63] Plutarcfue, Les Vie des Hcmmes Illustres, César, II.
[64] Plutarque, Les Vies des Hommes Illustres Vie do Pompée. XXX VII.
[65] Idem.
[66] P. Petit, Histoire Générale de l'Empire romain, I. Le Haute Empire, p. 214.
[67] W.H. Schoff (tr. & ed.), The Periplus of the Erythraean Sea: Travel and Trade in the Indian Ocean by a Merchant of the First Century, London, Bombay & Calcutta, 1912.

中國**68**。前段路線或有不同，但羅馬人到達印度之後，其後的航線大體一致。

《厄立特里亞海航行記》對沿海的城鎮都有很生動的描繪，例如他們離開埃及的霍爾木茲後，到達紅海南部的港口阿杜利斯，這個港口是商業貿易中心，市集人聲鼎沸，來自非洲、印度、羅馬的商人聚集於此，尤其是一批批從印度來的船隊急著卸下貨物，乘著季風來臨趕快返程**69**。對面的島上盛產黑曜石，印度商船也以黑曜石做為壓艙之用。

當船隻經過卡爾達富角（Caldasfu）時，旅行者看到奇異的景象，海面上滿布捕捉漁群和烏龜的獨木舟，人們將編織的魚簍放在岸邊的岩礁上，等待魚兒和烏龜掉入魚簍中**70**。此時船長叮嚀水手須注意附近的海盜，這群海盜是非常有組織的團體，因此碰到有敵意的陌生人時，可以贈送一些禮物以討好他們，避免發生不悅之事。

第二條航線由阿拉伯半島靠紅海邊的洛蓋科梅（Luogaikemei）出發，經過曼德（Meter）海峽北部的穆扎（Muzaffa），這座城市控制非洲東部地區的港口，地理位置非常重要。《厄立特里亞航行記》描述：「**現在的亞丁灣是船舶停錨的良港，當時來自東方的船隻大部分都在這裡進港停泊，等待下一次新航程，因此成為阿拉伯半島上最熱鬧繁華之地，東西方的貨物都集中在這裡，阿拉伯人控制了前往印度的海上之路71。**」

旅行者繞過阿拉伯半島到達位於幼發拉底河口的斯帕西努－卡拉赫港（Kalahe）（臨近波斯灣），這裡有很多從中國輾轉經過波斯，再運到此地的商品，接著他們沿著波斯灣到達印度，再轉往中國。

第三條路線是由地中海出發，從陸地到達巴爾米拉（Palmyra），再

68 Idem.
69 Idem.
70 Idem.
71 Idem.

沿波斯灣抵達印度河出海口巴里庫姆（Barryqom），一路往下經過巴里伽扎（Balijiazha）和穆濟里（Mukee）等城市。《厄立特里亞航行記》特別生動地描繪海上冒險的情景：「**這地方（巴里伽扎附近海面）的海象不佳，布滿暗流與沙洲，船隻常擱淺在沙洲甚至沉沒，有時因為船體嚴重破損導致船艙進水而動彈不得。暴風雨更常掀起巨浪吞沒大小船隻，這個港口的海面實在讓人膽戰心驚。它非常不安全，當船隻進港時尤其危險，突然的狂風大作，海水暴漲，皆讓船員難以下錨。漲潮時大浪來襲，船隻被海浪打得七零八落，甚至被海風吹到布滿岩石的岸邊，船破人亡。退潮時，船隻則又回到原地，等待重新啟航，這已經算是幸運的了。滿月的時候，可以聽到海上千軍萬馬般的聲音，那海濤怒吼的聲音，咆哮的海水衝上岸邊，拍打著冰冷的海岸[72]。**」

習慣於地中海和紅海的羅馬旅行者，看到印度港口這種潮起潮落的巨大差異內心感到震驚，當局為了讓這群遠方來客安心，派遣漁民引導他們駛進巴里伽扎港，船員也發揮他們的外交手腕和當局打交道，並獻給國王一些珍貴物品。

穆濟里城中可以看到奧古斯都神廟，廟宇的興建者當然是往返於東方的羅馬商人，羅馬人似乎沿著印度半島南部的科馬里角（Kemali）、加馬拉（Gamarra）、博都克（Boduke）以及索帕特馬城（Suopatema）航行，這些港口的正對面就是今日斯里蘭卡[73]。上述可知印度、斯里蘭卡和羅馬的關係非常密切，羅馬人來到此地後，也趁機把商路擴展到今日越南地區。

---

[72] Pulleyblank, Edwin G. "The Roman Empire as Known to Han China," Journal of the American Oriental Society, Vol. 119, No. 1, 1999, pp. 71-79.

[73] Schoff, Wilfred H.: "The Eastern Iron Trade of the Roman Empire," Journal of the American Oriental Society , Vol. 35, 1915, pp. 224-239.

第六章　體面人的旅行

第一節　貴族旅行

　　體面的人旅行，這種稱呼主要指貴族階級，羅馬其他社會階層的人其實也有消遣性的旅行，旅行並非屬於貴族的專有。

　　保羅‧韋納（Palul Veyne）解釋了有閒人的本質。羅馬舊式貴族的活動似乎僅限於農事方面。然而顯貴也可以選擇另一種行業表現自我的尊貴，例如成為一名高級演說家、哲學家、詩人、醫生、運動家等。但無論從事那一種行業，這些顯貴都有一個共通性，就是經歷一次政治生涯，這是他們唯一的顯要職務，也是獲得社會承認的頭銜，只有這些頭銜才能出現在他們的墓碑上……。總而言之，「**一個顯貴必須具備有閒人的本質、一種經濟活動及一個政治職位，或許還有一種文化職業[1]。**」

　　因此這是一個特權的社會階級，這些顯貴不親手勞動，他們重視其家產的管理以及國家的事務，並且小心監視著[2]。

　　當然空閒與自由的意思相差不遠，有閒之人與事務纏身之人其處境截然不同，這不是以他們的活動來定義，做為一個顯貴的人當然也可以成為一個獨立而完全有閒的人。

　　他們從事很多的旅行，原因很多，首先他們屬於羅馬人的精英階層。羅馬人也比較嚮往到鄉間、山區或海邊休息。羅馬作家史塔斯道：「**人們春天即離開羅馬城到涼爽的普雷內斯特聖城去避暑。其他一些人則到涼爽的狄安娜聖林度假，無論是阿爾基德山上、圖斯庫魯姆的樹蔭下、提布爾的森林、阿尼奧冰涼的海水裡……他們皆盡情享受度假的樂趣[3]。**」

　　住在商業和政治中心的羅馬人，因農業領地的豐厚收入而享盡榮華富

---

[1]　P. Veyne, Le Pain et le Cirque, p. 120.

[2]　Idem.

[3]　Stace, Silves, TII LIV. 12 à 25.

貴。他們的社會地位和財富使生活趨於奢華，其奢華的生活方式讓周圍的平民印象深刻[4]。此外，這些富有的人必須妥善經營其產業，良好的產業管理保障穩定的收入來源[5]。因此他們經常到所屬的領地住上一段時間。羅馬富人欲將自己的產業經營得當，必須著實下一番功夫，諸如整修破損的農舍、傾聽農民的苦楚，以及查帳等。對眾多奴隸也必須嚴密地監視，以防止他們在勞動時逃脫[6]。小普林尼便擁有超過五百名奴隸，他當然是前面所述羅馬精英人物的類型，其財富由廣大的產業推估，他應該屬於羅馬作家中少數相當有錢的人[7]。

管理上的麻煩並不妨礙這些顯貴之人的享樂活動，例如睡懶覺、按摩、欣賞音樂或戲劇表演[8]。小普林尼喜歡在葡萄收穫季節去監工並採摘剩餘葡萄[9]。冬天他在提圖斯（Titus）溫泉浴場洗三溫暖[10]。之後會到附近廣場綠地一邊散步一邊閱讀，這是他的人生一大享受[11]。當他騎馬穿越領地時，欣賞鄉村的寧靜風光而有所感，頓時寫下這段頌讚田野風光的文字：**「難道你真的相信在羅馬的煩惱和喧擾之中能作詩嗎？瑣事擾人，這個人求主持公道，那個人請我去聽他朗讀，在城市的盡頭……所有的詩人都熱愛鄉村，逃離城市……[12]。」**

通常富人的莊園都遠離羅馬城，且需兩天左右的路程，羅馬富人非常喜愛莊園的生活方式，甚至到迷戀的地步，對此，羅馬的皇帝馬可·奧里

[4] Pline Le Jeune, Lettres, TII L VII 30.
[5] R. J. Duncan, The Economy of the Roman Empire, p. 24-25.
[6] Idem.
[7] Idem.
[8] R. Chevallier, Les Voies Romaines, p. 131.
[9] Pline Le Jeune, Lettres, TIII LIX.
[10] Idem.
[11] Aulu-Gelle, Les Nuits Attiques, TI LIII.
[12] Pline Le Jeune, Lettres, TII LV. 6. 45.

略並不欣賞這種情況**13**。他說：「**這是富人的一種怪念頭，他們認為住在莊園的當下可讓內心深處獲得平靜，但事實上，除了靈魂深處之外，人不可能在任何的地方找到更溫柔、更寧靜的隱居之地……14。**」

從文獻資料裡說明富有的人頻繁地變換住所，更別提皇帝和元老院議員，甚至被解放的奴隸和文人也擁有華麗的住宅。

奧古斯都儘管並不愛好龐大的鄉村別墅，但偶爾也帶著隨行浩浩蕩蕩地前往郊區的莊園度假。此外，皇后利維亞（Livie）也有一處位在台伯河下方的大莊園，離羅馬只有幾里路程**15**。

提比略皇帝在卡普瑞也有幾處大別墅：「**一條三千步長的水渠通過史瑞特岬……。在土地的一邊看到最美麗的海灣……人們說希臘人曾擁有這處海濱，他們曾在卡普瑞居住。但提比略來此興建十二座別墅，並為它們取了新名字16。**」

尼祿（Néron）除了豪奢的「金色別墅」之外還擁有許多莊園，例如阿勒比（Albe）或伯勒斯（Baules）。尼祿的母親阿格麗品娜（Agrippine）更是擁有游泳池的莊園主人**17**。哈德良皇帝在提布爾（Tibur）地區亦擁有一座最為豪華的別墅，至今還保存其規模**18**。

西塞羅並非最富有的人，但在共和時期就已擁有六座莊園，分別位於自羅馬到那不勒斯路上的托密埃（Tomie）莊園、那不勒斯海灣附近的一棟大莊園、西部庫姆（Cumes）以及圖斯庫魯姆（Tusculum）的「清涼山」，甚至普羅勒斯（Pouzzoles）、亞平寧山脈也都有莊園。

羅馬作家賀拉斯曾經接受他的好朋友邁勒內（Melene）在提布爾莊

---

13 Idem. TII LV 6. 45-46.

14 Horace Epitres LII I.

15 A. Aymard, J. Auboyen, Rome et Son Empire, op.cit., p. 367.

16 Tacite, Ann LV LXVI I.

17 Idem.LIV.

18 Idem.

園的招待，他也經常光顧那裡[19]。

富有的羅馬元老院議員小普林尼分別在托斯卡尼（Toscane）、圖斯庫魯姆（Tusculum）、提普瑞（Tiburi）和普瑞斯勒（Presle）擁有好幾處莊園[20]。

西元一世紀，非洲行省有一半的土地屬於元老院議員所有，他們有充分的理由旅行並檢視土地的開發情形[21]。圖拉眞的朋友在韋斯巴鄉統治時期擁有坎帕尼亞（Campanie）好幾處莊園，他對新建的莊園充滿興趣，對舊的莊園則不屑一顧[22]。

馬提雅爾（Martial）在特拉西尼（Terracine）有一間房舍，他喜歡在那兒遵循讀書的時間。此外，他在離羅馬九十三公里的奧克舒爾（Auxur）以及坎帕尼亞（Campanie）也有優渥的別墅[23]。

移居鄉村並非專屬於富人的特權，一些不那麼富裕的羅馬人雖買不起昂貴的鄉村別墅，但仍尋求離開喧囂的城市到鄉村租一幢「令人愜意的房屋」，這通常要比在城市裡租一年陰暗的房間便宜[24]。但最窮的羅馬人只能在自家窗口擺放花瓶，插些美麗鮮豔的花朵自我欣賞一番，或者在自家門前的小花園裡種一些花草樹木之類的植物，讓這些還有農民血統的城市居民存有一些農村的懷念[25]。

羅馬人性喜尋找與自己同輩的友伴，並常常前往鄉間別墅遊玩，他們在那裡培養良好的個性和待人接物的禮儀[26]。

---

[19] Horace, Odes Chant Séculaire Epodes.
[20] Pline Le Jeune, Lettres, TII LV 6.
[21] G. Charles-Picard, La Civilisation de l'Afrique Romaine, p. 49.
[22] Pline Le Jeune, Lettres, TI LIII.
[23] Martial Epig, TII LX LVIII.
[24] Idem.
[25] Juvenal, Sat, III 223-225.
[26] Idem III 223.

羅馬作家經常引用「好客」這一字詞表示友誼。由西塞羅的書信可以得知這一風俗在羅馬共和時期即已十分流行。長久的聯繫使彼此之間友誼更緊密[27]。西塞羅回憶勒理烏斯（Lélius）對西庇阿（Scipion）的友情道：「**……他的家就是我的家，我們的生活方式相同，我們之間的一切都是一致的，我們不僅一起服軍役，還一起旅行，一起在鄉間共度……[28]。**」

正是出於這種「好客」的個性，羅馬作家賀拉斯（Horace）很高興地接待梅瑟尼（Mécene）[29]。另一位作家尤維納勒（Juvenal）則遺憾地看著他的朋友出發旅行，卻沒有邀他同遊而感到不悅，因而請求他儘快地邀請自己，並答應會儘快趕去[30]。普林尼（Pline）聽到好朋友塔西佗來訪的消息非常高興[31]。

羅馬的顯貴總是熱中於社交活動，貴族的莊園裡經常有許多滿腹知識的人高談闊論，他們互邀聚會，討論詩詞作品、吟詩、談論自己最新的詩作，或閱讀希臘作家的作品及討論政治哲學問題等[32]。

這些私人性質的聚會活動與西元四世紀時沒有什麼不同[33]。鄉間別墅裡的宴會非常頻繁，也相對促進了羅馬人的旅行活動，而且愈來愈多，成為西元四世紀社會的主要社交活動[34]。

家人之間的聯絡也促成羅馬人的旅行，為了家庭聚會，人們毫不考慮路途的遙遠與疲勞，即使有相當的困難，羅馬人也一定會實現這神聖性

---

[27] Martial Epig, LXI 18.

[28] Ciceron, De l'Imitié XXVII, p. 101.

[29] Horace Odes, LIV XI.

[30] Juvenal Sat, III 319.

[31] Pline Le Jeune, Lettres, TII.

[32] Séneque, Lettres à Lucilius TII LVII 64.

[33] Pline Le Jeune, Lettres, TII LIV.

[34] Idem.

的聚會以聯絡家庭每一個成員的感情[35]。例如小普林尼因爲拜訪妻子的祖父、姨母和好久不見的朋友而感到興奮，他們圍繞在周圍讓小普林尼感到滿足，享受了這份溫馨的友情與親情。此外，同樣出於友誼和尊敬，他毫不猶豫地繞遠路前去拜訪某個姻親的祖父，而其住處並不在他要經過的路上[36]。

羅馬人也會出遠門探望悲傷的親人，如果是一位垂危的病人則向他們表示哀悼[37]。同樣地，人們探望一般的病人，祝福他早日康復[38]。例如羅馬作家奧陸格列（Aulu-Gulle）先到一位好朋友家裡探訪，受到熱誠的接待，不久又去拜訪受痛風折磨的執政官弗龍托（Marcus Fronton），他在弗龍托的房間裡見到一群非常關心執政官病情的朋友[39]。

人們甚至會趕很遠的路，一位行政長官離開工作崗位去拜訪當時著名的哲學家托魯斯（Taurus）[40]。主要的目的僅是爲了聆聽托魯斯的教誨；還有一位住在加代斯（Gadés）的學者，自稱「從世界的盡頭」趕來探望李維，看過他之後又立刻重新上路[41]。

羅馬人除了喜歡和家人、朋友一起去別墅度假，還有一些可供他們逗留的風雅之地，例如海水浴場、宜於泛舟的湖、專供漁獵的河流與山野，這些地區都留有羅馬人的足跡[42]。

作家拜里（Bauli）曾經寫道：**「坎帕尼亞是全義大利乃至全世界最美的地方，那裡的氣候令人難以想像的溫和，一年有兩次繁花盛開的春天**

---

[35] Séneque, Lettres à Lucilius, TI LIV.

[36] Pline Le Jeune, Lettres, TI LI 2.

[37] Idem.

[38] Idem.

[39] Aulu-Gelle, Les Nuits Attidues, LII XXVI.

[40] Idem LII II I.

[41] Pline Le Jeune, Lettres, TI LII 3.

[42] Idem.

季節[43]。」

從西元一世紀起，義大利的拜亞（Baies）就是一塊時尚之地。拜里嘗言：「**那裡應該要有一座別墅，因為這樣才能方便徒步旅行[44]。**」

羅馬另一位作家馬提亞爾（Martial）稱拜亞（Baies）的天然浴場是「浴場之王」[45]。它位於那不勒斯以西十五公里的地方，適於休閒和享樂，此地專用來洗浴，也可以做為溫泉療養之處。此外，庫姆（Cumes）岬角附近，幽深的海灣亦遮蔽著貝斯城，那裡的溫泉，不但富人們喜歡，還可以治病[46]。儘管羅馬作家塞納克（Sénéque）對此地提出一些批評（充滿說教的演說）[47]。但人們仍能感受出此地具有相當大的吸引力：「**……歌聲音樂交響的湖光山色……輕舟上的窈窕淑女隨波蕩漾著……五彩的小船和撒滿湖面的玫瑰……夜色中還有悠揚的小夜曲……[48]。**」

上述描繪的天堂般景象，即使到十八世紀仍然迷惑許許多多的旅遊者。十八世紀作家也記述了義大利拜亞海灣的美景：「**拜亞海灣……做為義大利最美麗的地方，在羅馬人心中久負盛名，它像遲暮的美人，那張衰老的臉上，透過皺紋，還能看出過去歡愉的痕跡……。每年秋末，羅馬的傑出人士西塞羅、龐培、賀拉斯等人喜歡來此度假。也因此被古羅馬作家塞納克指責為生活奢華的一群人……[49]。**」

但這座城市並不總是那麼迷人，這裡也暗藏著危機，羅馬作家馬提亞爾（Martial）提醒遊客此地常有溺水事件。塔西佗也說拜亞（Baies）是享樂和死亡的土地。尼祿皇帝喜歡在這裡的別墅度假，然而也有一群人也

---

[43] Idem.

[44] Ciceron, Correspondance, TIII CXXII.

[45] Martial Epig, TI LVI XLII.

[46] Seneque, Lettres à Lucilius, TII LV.

[47] Martial Epig, TI LVI.

[48] Brosses, Lettres Familiéres sur l'Italie, p. 108.

[49] Martial Epig, TI LIV.

在此地密謀暗殺尼祿……[50]。

　　如果人們對大海不感興趣，也可以在湖上划船玩樂，羅馬作家小普林尼就喜歡去庫姆湖划船[51]。當然水上的樂趣並不僅限於划船，愛游泳的人也可以在寧靜的湖水中游泳[52]。

　　旅行途中，羅馬人也會在河邊尋找樂趣。阿普列（Apulée）喜歡在梧桐樹點綴的河邊休息，他喜歡躺在河岸上凝望遠處的風景[53]。此外，人們也喜歡在岸邊釣魚等活動。

　　羅馬作家斯塔蓬（Strabon）就非常喜歡波河平原的景色，他認為這是義大利半島最美麗的地方[54]。他也稱讚距離羅馬二十五公里的拉丁姆城（Latium），從共和時代起，這座城市的莊園建築和精緻花園即成為當時的風尚[55]。

　　一些羅馬人從閒暇中尋求其他樂趣，狩獵就是他們閒暇時的活動。羅馬作家小普林尼喜歡在托斯卡尼打獵，但他沒有忘記自己是作家，仍不斷地思考和記敘，此外，羅馬人也喜歡在屋貝斯森林搏殺黃鹿和野豬[56]。

　　對富裕的羅馬人來說，旅行的另一個動機是出於健康的考量。人們感到身體不適時就會想到鄉村休養[57]。史料記載一名被解放的奴隸那喀索斯為了逃離繁重的工作壓力而前去西努塞（Sinuesse）休養，在此，他可以恢復體力使身體更為健康[58]。

　　那喀索斯原是普林尼的奴隸，被解放之後他的生活似乎比較好些，在

---

[50] Tacite, Ann, LXV LII.

[51] Idem LXV.

[52] Idem.

[53] Pline Le Jeune, Lettres, TI LVI 24.

[54] Rutilius Namatianus, Sur son Retour, p. 247.

[55] Apulées, les Métamorphoses LI 18.

[56] Petrone, op.cit., CIX.

[57] Strabon, LV 3 12.

[58] Idem.

西努塞休養期間，他嚐盡牛奶的美味，也呼吸到新鮮的空氣[59]。

羅馬人已經知道溫泉具有水療效果，許多人喜歡去著名的阿布拉（Albula）溫泉區洗浴[60]。這個地區位於現在義大利的巴金（Bagin）和瓦底蒙（Vadimon）湖附近，此地的溫泉含有硫磺，對於神經系統的疾病有一定療效。

一般人喜歡去卡瑞（Caere）溫泉浴場洗澡，此地的溫泉據說可以治療骨折的傷痛[61]。

不能生育的婦女則會去西努斯洗溫泉浴，這裡的溫泉可以幫助不孕症的婦女生育[62]。精神病患在這裡休養也會使病況好轉，因為溫泉的治療效果好，此地的鄉村景色能使病人精神愉快[63]。

相對地，羅馬東北部的克提勒（Cotilae）冷泉則對任何病痛都有療效[64]。結核病人會去埃及的亞歷山大休養，當然首要條件是有錢有閒，羅馬人普遍認為旅行本身就是一種治療神經緊張的良方。

實際上，人們去埃及並不是主要目的，而是旅行過程中因船上的顛簸使病人嘔吐，這樣的暈船嘔吐對許多疾病具有相當的療效[65]。

羅馬人到了晚年會選擇到鄉村過隱退、安逸的生活，他們的隱退之地大部分在離羅馬城不遠的近郊。年老的羅馬人會依個人喜好安排退休生活。鄉村的海邊是退休軍人最喜愛之地，這些退休老兵喜歡脫去衣服躺在沙灘上做日光浴。鄉村地區也是羅馬人晚年，結束一生顯貴或藐視榮耀的地方，有錢的羅馬人通常都很樂於去鄉村度過晚年。

---

[59]　Tacite, Ann XII 66.
[60]　Suétone, Correspondance TIII.
[61]　Pline Le Jeune, op.cit., III.
[62]　Strabon TI LI 22.
[63]　Idem.
[64]　Pline L'Ancien, Histoire Naturelle XXXI 10.
[65]　Idem.

第二節　文人旅行

　　許多富裕的羅馬人都想親自體驗尤利西斯的冒險。好奇心是他們旅行的動機，也滲入一些求知的欲望[66]。因此，無論神話故事或荷馬的史詩等，都喚起人們同樣的好奇心。羅馬作家奧陸格列從希臘到羅馬途中在賓德斯（Bentz）停留很久，面對「……**充滿神奇故事的希臘古書……**」他無法抑制自己的購買欲[67]。因此，那些被認為曾經發生過神奇故事的地方便成為人們冒險之地。人們更喜歡把神話起源地當作最佳消遣之地，呼朋引伴前去旅遊。因此充滿神話傳說之地確實也引起這些旅行家的興趣[68]。

　　前往這些地方旅行的人愈來愈多。然而人們到遙遠國度旅行除了出於好奇心之外，似乎也被誇大不實的傳說誤導，因而當羅馬作家史塔斯（Stace）到達神話傳說之地時，顯得很不悅[69]。換言之，他感受到被欺騙的不快。

　　維吉爾（Virgile）也將旅行籠罩在神祕中，與他同時代的人似乎都循一條純粹羅馬式路線旅遊。「……**他指給挨內看，羅馬人稱為卡馬塔特的祭壇大門，人們說這是古代羅馬人為了向女祭司卡馬提斯表示尊崇而設立。女祭司將預言埃及子孫前途的好與壞……**[70]。」

　　此外，過去的遺跡和神話之間的界線模糊不清，羅馬人喜歡去巴拉丁山腳下一窺曾裝著兩個孩子（羅慕洛斯與勒莫斯）的搖籃所在的無花果樹[71]。旅行者對古代羅馬和新的羅馬同樣好奇。

　　各地區的奇異現象也深深吸引人們。羅馬人對小亞細亞的特洛伊城感

---

[66] Strabon TI LI 2. 8.
[67] Aulu-Gelle, Les Nuits Attiques, TII LX.
[68] Strabon TI LI 19.
[69] Stace Silves, TI LI III 95.
[70] Virgile, L'Enéide Traduction, p. 320.
[71] Tite-Live, Histoire Romaine, Traduction LVI 2-8.

到好奇，因爲它是羅馬誕生的泉源之一，傳說中戰神瑪斯（le dieu Mars）是那孿生兄弟的父親，特洛伊的木馬屠城故事也與羅馬城的建立有著密不可分之關係[72]。西西里島上埃特納火山（Etna）的自然現象吸引衆多旅行者，火山噴發時他們先在埃特納村中找到避難所，接著又隨著導遊爬上高處的山頂觀看咆哮著濃煙的火山口。

羅馬人顯然對遙遠的地方感到好奇，也描繪了希臘和東方亞洲的神祕感，去過的人則增加了另一種榮耀[73]。埃及則是處於這種神祕感的獨特地位，因爲埃及有其獨特的歷史與文化，人們對埃及偉大的遺產有著數不清的好奇心。羅馬作家斯塔蓬談到：「……**人們了解埃及歷史文化非凡偉大的一面，它更有無可辯駁威嚴的一面，尼羅河漲潮帶來的淤泥，為埃及人帶來繁榮富裕的一面……[74]**。」埃及的亞歷山大港充滿絡繹不絕的訪客。羅馬征服希臘也產生一種矛盾的情結，事實上，羅馬人對於橫在兩種文明間的鴻溝，最後也願意吸收。

對古希臘文化的迷戀也成爲風尙。羅馬作家圖比遜（Dubuisson）認爲羅馬人在西元前一世紀具有文化上的自卑情結，後來極力推動的希臘化政策使這種自卑情結逐漸減弱。「**相同文化和相互的聯繫使雙方衝突消失。一旦羅馬完全吸收希臘文化，隨後也產生與之相稱的文學，因而希臘與羅馬文化的敵對關係就慢慢減弱……[75]**。」

西元前二世紀，只有少數羅馬公民能夠接受教育，教育機構全是希臘式學校，包括外交與軍事教育，甚至政府體制也仿效希臘。此外，羅馬人還希望他們的子弟能學習希臘哲人的知識與良好的教養，尤其對於希臘古

[72] L. Casson, Travel in the Ancient World, p. 256.
[73] Strabon LVI 2-8.
[74] Idem TI 1.2.22.
[75] M. Dubuisson, Grecs et Romains, p. 29.

典文化更積極地追求，希臘文化的大門也爲這批羅馬人而敞開[76]：「……
**這並不是從希臘流向這個城市的一條支流，這是一條帶來藝術與知識工具
的洶湧大河……[77]。」**

希臘的知識也一直是羅馬上流社會中的樂趣，並且對從事政治生涯的
人而言，希臘的文化知識更是不可少[78]。一般而言，羅馬大家族的子弟大
都投身於政治，因而對於知識的需求與吸收是其在政治上才能表現的原動
力，有錢人家子弟們也更進一步學習修辭學和哲學，並爲此而尋找最好的
希臘教師和學校。

帝國外省的教育資料補充亦改善了羅馬家庭教師的教育環境，第一批
經由元老院批准定居在羅馬的語法和修辭教師是亞洲和埃及的逃難者[79]。
羅馬這個城市庇護了他們，某些人還是繼續用其熟悉的希臘語授課。

帝國時期來自雅典、帕加曼（Pergame）、亞歷山大的語法學家、
修辭學家和哲學家們到羅馬傳道、授業、解惑。希臘的普魯塔克（Plu-
tarque）早年在雅典學習，其知識到達相當的程度時，又到羅馬講學，並
藉此傳揚希臘文化與知識，這些希臘學者也賴此得以過富足的生活[80]。

西元一七六年希臘學者玉勃斯（Urbs）在雅典建立四個哲學講座，其
中包括兩個「口才」講座、一個詭辯術講座和一個實踐教學講座，這樣的
學術殿堂實際上花費相當龐大，由此可以了解，西元二世紀中葉希臘學校
已經到了泛濫的地步[81]。

遷移性最大的一群人當然是學生，很多學生在自己的城市裡沒有學
校或教師，必須到鄰近地區求學，例如在庫姆（Cumes）地區建一個講座

---

[76] Idem p. 29.
[77] J. Carcopino, La Vie Quotidienne à l'Apogée de l'Empire, p. 231.
[78] Ciceron, De la République LII XIX.
[79] J. Cage, Les Classes Sociales dans l'Empire Romain, p. 237.
[80] Pline Le Jeune, Lettres, TII LIV.
[81] Idem TII.

機構即可以解決學生遠到米蘭上課的不便，此外學生們也可以省下一大筆開銷。小普林尼曾對學生們做這樣的記載：「**……您現在為學生們的居住等日常生活瑣碎之事而忙碌，學生所繳納的錢可以做為教師們的工資……[82]。**」

在義大利的學校裡學習，無論其花費多寡都無法與希臘相比。換言之，人們到希臘求學已經成為一種風氣，似乎沒有到希臘鍍一層金就顯得知識貧乏。到希臘旅行也成為羅馬人學習希臘文化必經的歷程。

羅馬作家奧陸格列的一篇文章清楚地揭示「旅行」對於羅馬傑出人士的重要性。「**希羅多德是我們在雅典學習時期的導師，他富於希臘演說的天賦。當我們在雅典時，我們常常在莊園裡邀請城市裡的朋友，甚至有些人遠從羅馬來到希臘，聚集在我們的導師身邊受教，為的是使他們的精神生活和文化生活趨於完美……[83]。**」

如果雅典在帝國時代被認為是文化之都，小亞細亞的其他希臘城市則享有相同的榮譽。此外，位於東方門戶的安提阿，當時是一個廣大而充滿生機的城市聚居點，那裡的文學與哲學受到東方文化的影響頗深[84]。

散落在帝國各處的文化界人士，教師和學者們遵循擇優的原則，把那些前途無量的世家子弟和充滿理想抱負的年輕人送到希臘去學習。凱撒年輕時到羅德島學習雄辯術，主要的原因是為了避仇，也趁這段閒暇休息的時間繼續學習當時最著名的演講教師阿普列（Apulées）的課程[85]。後來阿普列也到義大利學習拉丁語，他在希臘語方面有很深的造詣[86]。

弗龍托（Fronton）去埃及的亞歷山大求學[87]；奧古斯都姊姊的孫子被

---

[82] Idem TII LIV. 13-3.

[83] Aulu-Gelle, Les Nuit Attiques TI LI II I 3.

[84] Idem.

[85] Suetone, César TI LI IV.

[86] Idem.

[87] Apulées, Les Métamophoses LI 1.

送到馬賽學習……[88]，這些在外求學的年輕人也頗有被放逐獨立學習的味道[89]。

想要了解當時學生們的情感和動機，可以從羅馬作家所敘述的段落做為參考：「**……西塞羅……渴望聆聽希臘哲學家的修辭學，從希臘的學者那裡他窺見了希臘的知識世界[90]。**」

羅馬皇帝在傳播希臘文化方面也發揮重要的作用，凱撒在羅馬修建第一座公共圖書館[91]。具有文化素質的奴隸在這座圖書館裡勤奮不懈地抄錄許多古代手稿[92]。

奧古斯都非常喜愛閱讀希臘文，他常常抄寫適用於公共或私人生活的箴言和範例，他對希臘的研究也確實非常出色，奧古斯都的老師是阿普列，其學識和修養更繼承老師的風範，他年輕時曾經不顧這位老師的高齡，將他從羅馬帶到阿波倫尼（Apollonie）講學[93]。羅馬皇帝提比略（Tibére）以極熱情的心情學習希臘文，克勞迪（Claude）在學習說、寫希臘文的同時，更驚嘆希臘語言之美[94]。

於是羅馬皇帝成為文化運動的先鋒，文化彷彿變成政治權力的工具。羅馬的道德之士和歷史學家也發揮重要的政治作用，塞納克（Sénéque）是尼祿的老師、塔西佗（Tacite）成為羅馬在亞洲行省的總督、小普林尼是比提尼埃（Bithynie）總督、弗龍托（Fronton）則做過兩任執政官。但沒有人比得上哈德良（Hadrien）皇帝對希臘文化的熱愛，他運用權力左右政府的重大決策，在提布爾（Tibur）興建一座豪華的花園宅邸，讓人

---

[88] G. Chales-Picard, Civilisation de l'Afrique Romain, p. 127.

[89] Tacite, Ann LIV XLIV.

[90] P. Grinal, Cicéron, p. 70.

[91] A. Aymard, J. Auboyer, op.cit., p. 397.

[92] Suétone, Vies des Douze Césars Aug TI LI LXXX IX.

[93] Idem.

[94] Idem.

想到雅典美麗的風景區「里斯」（Lycée），這是亞里斯多德和柏拉圖執教之地[95]。

哈德良統治羅馬的二十一年裡，有十二年的時間都在旅行，由於他對旅行充滿巨大的熱情，幾乎跑遍羅馬帝國的省分[96]。直到今天，雅典和埃及的亞歷山大港仍然有許多哈德良興建的紀念物留存下來。

羅馬帝國因文化所引發的主題非常多，人們對文化的需求則很熱絡，為了追求知識而到劇院觀賞深具文化水平的表演，也參加拉丁文學的競賽，還懂得觀賞繪畫和雕塑[97]。

愛好戲劇的各行省人民可以到羅馬觀賞表演，他們像城裡人那樣試著取得羅馬城三座劇院之一的座位，三座劇院共可以容納六萬人[98]。

滑稽短劇是一種活潑通俗的喜劇，演員們在歡樂的氣氛中演出以博得觀眾的笑聲及掌聲，通常演員們會帶上面具表演[99]。年輕的表演者喜歡扮演傳統人物、模仿狼吞虎嚥、顛三倒四地說話或做出粗俗的動作。

文化競賽在羅馬也曾風靡一時，上層社會對於文化活動可以說是身體力行。例如圖密善（Domitien）在距羅馬十四公里的莊園裡舉辦許多的藝文活動，還邀請藝術愛好者共同參與盛會[100]。那不勒斯更充滿一股濃厚的氣氛，有各種文化活動，例如音樂比賽等等。

羅馬人對繪畫的興趣亦相當濃厚，他們熟悉古代的繪畫技巧和希臘神話題材[101]。藝術愛好者喜歡四處觀賞不同的繪畫作品，希望由此獲得更多的靈感和互補。羅馬人也喜歡把好作品送到神殿或由富人典藏和展示，

---

[95] B. D'Orgeval, L'Empereur Hadrien, pp. 20-25.
[96] Idem.
[97] J. Carcopino, La Vie Quotidienne à Rome à l'Apogée de l'Empire, p. 230.
[98] Idem.
[99] Tacite, Ann LXV XXX III.
[100] Petrone, Le Satiricon, XXXV 1.30.
[101] A. Aymard, J, Auboyer, op.cit, p. 401.

提比略皇帝曾經以巨款購得一幅西元前五世紀畫家帕拉西亞斯（Parrha-sias）的畫作[102]。

　　而羅馬的雕塑亦不下於繪畫，出於對「美學」的好奇，羅馬人每每在長途的旅行中實地欣賞了希臘偉大雕塑家的傑作，一些人把喜歡的雕塑作品帶回羅馬，裝飾花園和圖書館[103]。

　　羅馬人認爲「文化之旅」第一個應該參觀的地方是希臘。長期以來，旅遊者亦遵循許多世紀以來盛行不衰的路線，他們渴望吸收希臘文化[104]。因此德爾菲（Delphes）、雅典、科林斯、奧林匹亞等地都是旅遊者必到之地。

　　羅馬的顯貴人物亦不能抗拒這一誘惑。無論是皇帝、軍事將領、元老院議員等皆常常出遊，旅遊因政治上的因素也顯出其正當性[105]。

　　由於埃及被視爲皇帝的財產而不僅僅是一個外省，即使元老院議員也被禁止前往，因此更增加它的神祕性[106]。然而也因爲如此，許多旅行者被埃及深深吸引，他們藉運送小麥的理由，從拜占庭或羅馬的奧斯蒂亞（Ostie）港口乘坐運穀物船到埃及。

　　對旅行者來說，亞歷山大港是一座充滿魅力的城市，他們見識到托勒密王朝完善的文化機構：圖書館、博物館以及科學與文學研究中心，這些深具文化氣質的機構，都讓羅馬人感到像一所名副其實的學園[107]。（雅典學院）

　　爲遊覽埃及，旅遊者們乘坐小船沿尼羅河上溯，卡努匹克（Canopique）的支流一直航行到尼羅河三角洲頂端，從那兒到達現代開

---

[102] Idem.
[103] Tacite, Ann LII LIX LX LXI.
[104] N. Lewis, Life in Egypt Under Roman Rule, p. 82.
[105] L. Casson, Travel in the Ancient World, p. 258.
[106] N. Lewis, Life in Egypt Under Roman Rule, p. 82.
[107] A. Aymard, J. Auboyer, op.cit., p.4 01.

羅[108]。

　　塔西佗曾經述及西元十九年，提比略皇帝姪子日爾馬尼庫斯（Germanicus）的旅行奇遇，在沒有皇帝的允許下，日爾馬尼庫斯以嚴重違法爲代價，參觀埃及各地名勝，還沿著尼羅河上溯：「**……爲參觀古蹟……一行人在卡努貝登船溯尼羅河而上……不久之後即看到古代底比斯城的廢墟……其他的名勝古蹟似乎也吸引著日爾曼尼庫斯的目光，尤其是法老王門農石刻雕像，它在陽光照耀之下彷彿發出了人類的聲音，還有這些富有的法老王競相建造如同山一般的金字塔等，皆讓他感到驚訝和讚嘆。因爲尼羅河泛濫而積成的湖泊到處皆是……他從較大的湖泊裡搭船到達埃勒法提尼和西埃，過去這裡是屬於羅馬的防線，現在則已經退到紅海[109]。**」

　　我們從無數遺留在金字塔石堆上和孟菲斯塔外粗糙雕刻的簽名，可以證明當時旅行者蜂擁而至的情況。其中門農（Memnon）雕像無疑是最著名的古蹟，僅在提比略統治時期就留下百餘簽名[110]。

　　西元一三〇年哈德良皇帝帶領兩位女詩人巴比拉（Balbilla）和特普拉（Treboula）一同前往埃及，當他們聽到門農法老王雕像的聲音後都感到驚奇不已。羅馬歷史學家帕法農（H. G. Pflaum）也告訴我們：「**門農的巨像上也刻著一系列的希臘詩歌散文，上面甚至還記載，哈德良皇帝特別來聆聽門農法老王雕像『歌唱』的情景[111]。**」

　　上述羅馬帝國時期旅行者出遊的動機和目的各不相同，或是出於信念或出於好奇心，但無論如何，他們的旅行也勾勒出羅馬人的旅行和現代人的旅行確實有幾分相似[112]。

---

[108] Tacite, Ann LII LIX.

[109] N. Lewis, Life in Egypt Under Roman Rule, p. 82.

[110] Idem.

[111] L. Casson, op.cit., p. 258.

[112] A. Aymard, J. Auboyer, op.cit., p. 398.

　　因此無論是軍人因軍隊移防、政治人物因職務調動、學生為求知、宗教人士為探訪著名神殿、名流巨富為了行樂，他們前仆後繼地旅行，也迫使帝國在陸路和海路的交通上，創造有利於旅行的條件[113]。

---

[113] L. Casson, op.cit., p. 275.

第三節 僧侶旅行

　　自然界提供的自然神祇祭祀場所中，有一些是屬於人人爭相朝拜的地方，小普林尼去過的克里圖那（Clitumne）就是一例[114]。「……附近有一座古老而受人尊重的神殿……神住在殿裡，並從那裡發出神諭，如籤中所寫。周圍也還有一些小神殿和各地區的神祇[115]。」

　　羅馬地方的宗教以宗教儀式聞名。作家斯塔蓬（Strabon）出於好奇曾經到費羅尼城（Ferunia）朝聖一次，描述這些宗教儀式：「……由於女神附體，信徒們步行踏上一片鋪滿灼熱的木炭和滾燙的灰燼的路面上，腳並無任何感覺[116]。」此外，敘拉古（Syracuse）也有許多古老的神廟，它們是最受遊客歡迎的地方，人們喜歡到那裡朝拜阿特米斯（Arté-mis）以及雅典娜神廟[117]。

圖6-1　雅典娜
資料來源：劉增泉攝

　　此處並非解釋羅馬人迷戀東方宗教信仰的原因，而是關注這種變化所造成的人員流動。羅馬社會中不同階層的羅馬人之間也有不同的宗教信仰，羅馬的宗教在共和時期非常保守[118]。帝國時期奧古斯都試圖恢復傳統的宗教信仰，還是無法擋住外來新興宗教的傳入。

[114] Pline Le Jeune, Lettres, TIII L VIII 8.

[115] Idem.

[116] Strabon, TIII LV 2.

[117] Idem.

[118] G. Dumezil, La Religion Romaine Archaique, p. 98.

　　新的祭祀活動在羅馬舉行，除了義大利羅馬的公民外，還吸引許多其他行省的公民加入，就像阿普列在《變形記》中所描寫：「**……他們離開希臘到羅馬膜拜最崇敬的神祇——愛西斯神（Isis），並學會對歐西里斯神（Osiris）的祭祀，還有祭拜塞拉皮斯神（Sérapis）的夜間歌舞[119]。**」儘管阿普列所描寫的景象是虛構的，但它與事實相去並不遠。

　　羅馬的官方行政機構嚴格要求人民盡公民義務、對皇帝持個人的崇拜和敬畏時，希臘和東方的神祇卻誘惑著羅馬人[120]。這些從東方來的奴隸即以虔敬之心，遵守祭司所宣講的宗教儀式，也把羅馬人引入巨大的信仰漩渦中，滿足了他們各種各樣的願望，尤其當羅馬神祇在希臘諸神中找到對應的神，因此羅馬諸神亦源自希臘諸神，僅是換了名稱罷了。

　　西元一世紀，東方的希臘已是羅馬的行省，富裕的羅馬人從事宗教旅行是常有之事，羅馬人將人的思想從生活瑣事中轉移，亦將生活轉移到宗教信仰上[121]。

　　羅馬人雖然征服希臘，但希臘文化卻深深吸引羅馬人，大批的朝聖者、商人等紛紛到伯羅奔尼撒半島上奧林匹亞的阿波

圖6-2　德爾菲希臘神殿
資料來源：劉增泉攝

[119] Apulées, Les Métamorphoses, LXI.
[120] G. Dumezil, La Religion Archaique Romaine, p. 522.
[121] Idem.

羅神廟敬拜，他們的足跡還遍布德爾菲（Delphes）等各個地區的希臘神殿[122]。奧林匹亞即曾產生過偉大的宗教啓示和萬民歡騰的競技會。

事實上許多神廟也在愛琴海島嶼和希臘化的小亞細亞建立起來，例如愛琴海上的提洛島（Délos）有一個巨大的阿波羅神廟，吸引許多羅馬人來島上朝聖[123]。阿波羅是預言、占卜、藝術及音樂之神，這個神也被屋大維皇帝所接受，並且做爲他個人的保護神與其教化使命的象徵。西元前二十八年奧古斯都在巴拉丁山丘（Palatin）建立一座宏偉的神殿獻給阿波羅神，此時祂的威望已經開始凌駕諸神之上[124]。

此外色雷斯也有阿波羅神殿吸引無數信徒參拜[125]。這是座享有盛名的神廟城市，尤其若神廟的神諭能夠醫治百病，將會吸引大批的朝聖者。西元一世紀後期可以說是羅馬宗教信仰的激情年代，不安的心靈充滿每一個人內心深處，也使人們向神諭求援，因此朝聖活動盛行[126]。在馬可·奧里略時代，人們對於阿波羅神諭更是深信不疑。各個地區的神廟似乎都有神諭出現，例如很多人慕名前往不列顛群島的阿波羅神廟朝聖，當時希臘德爾菲的神諭已經不靈驗，人們轉往不列顛求神諭，神諭曾預言羅馬的貴族日爾曼尼庫斯（Germanicus）將英年早逝，最後被證實。

羅馬人生病時除了看醫生也會求神諭治療疾病，西元一六七年阿里斯蒂德（Aristide）在神諭的指示下接受水療治病，結果大有起色，同時他也派其養父到希臘克拉里安（Clarien）的阿波羅神廟詢問有關他的身體狀況[127]。

除了上述的神廟外，希臘的蒂蒂姆（Didyme）也有阿波羅神廟，威

---

[122] Strabon, TVII LX 3.
[123] Idem.
[124] Suétone, Vies des Douze Césars, Auguste TI L II.
[125] Idem.
[126] Tacite, Ann II 54.
[127] M. Le Glay Villes, Temples et Sanctuaires, p. 201.

望很高，神廟的威望得看皇帝支持與
否，皇帝若沒有興趣，相對地它也不會
興盛。羅馬皇帝卡利古拉（Caligula）
曾想在蒂蒂姆建阿波羅神廟讓自己與阿
波羅一同被膜拜[128]。圖拉眞皇帝也打通
從米利都（Milet）通往蒂蒂姆的朝聖
之路。

圖6-3　蒂蒂姆阿波羅神廟
資料來源：劉增泉攝

　　以弗所（Ephése）位於小亞細亞，
也是宗教生活中心，各種神廟互相毗
鄰，有祭祀帝王的廟宇（如圖密善廟
宇）、祭祀弗里吉亞女神西貝爾（Cy-
béle）的神廟，亦有祭祀狄俄尼索斯、
奧林匹亞的宙斯神廟亦林立其中，但
最重要的還是阿特米斯（Artémis）神
廟，非常雄偉，被視爲世界七大奇景之一。羅馬皇帝哈德良曾經兩次到阿
特米斯神廟朝聖。實際上，神廟周圍也非常熱鬧[129]。街道上擠滿朝聖的
人、賣虔誠物品的小販、魔術師、占卜師、受庇護者等。

　　埃及與敘利亞的神廟也吸引眾多的朝聖者，埃及的亞歷山大神廟便曾
吸引韋斯巴鄉皇帝前往朝聖。赫利奧波利斯（Héliopolis）以及巴勒貝克
（Baalbeck）神廟也有很多羅馬皇帝曾前往敬拜。

　　羅馬從最早僅限制在義大利半島上拉丁姆平原，直到帝國初期擴張到
歐、亞、非三洲。人口從早期的義大利奧特人到伊特拉斯坎人，進而擴展
到地中海四周的居民都曾爲羅馬公民，主要的「原動力」應該是交通網路

---

[128] Idem.
[129] M. Le Glay, Villes Temples et Sanctuaires, p. 152.

便捷。

羅馬帝國的歷史，其實是一部「經濟侵略史」，它掠奪來的資源投資在港口、道路、船塢、車輛等基礎設施，促進了帝國的擴張，對於財政的結合而言也起了相當的作用。

羅馬人的土木工程技術已經相當成熟，人們懂得製造混凝土（水泥），也會製造磚塊，帝國時期的大型建設都因這些技術條件才得以完成。帝國的公路網四通八達，以義大利的羅馬爲中心，放射狀延伸到帝國的每一個角落，帝國軍隊也負起維修道路的責任，羅馬公路網的形成，許多時候也是因配合軍隊向外征討而完成，軍隊通過沼澤地時就修路、排乾沼澤、建造橋梁[130]。

帝國初期，羅馬已經擁有相當明確清楚的里程標誌，從北非的路碑到熱內斯特路碑可以了解它的指標作用，地圖更增加旅行者的方便。波叮噶地圖上說明羅馬人的非洲行省其公路線總長達到兩萬公里[131]。如果沒有地圖，無數的旅行者的車輛又如何奔馳在道路上？

帝國時期地中海已經屬於內海，海洋文化對羅馬的影響頗深，「海」又有了新的重要性。長期以來，海上旅行既艱辛又危險，但航海技術的改善也使愈來愈多人喜歡海上旅行。沿海和深海都有船隻航行。沿海航行時，舵手需借助於岸邊的導航標誌。深海航行通常屬於長距離航線，必須求助天文學方面的技術。港口的良好設施可以接納來往的船隻停泊。天氣穩定的季節讓許多旅行者乘船去希臘或高盧，或更遠的地方[132]。一甕甕、一船船沉重的酒和油從義大利啓航，同一個港口又迎接來自非洲的麥

---

[130] Laurence, Ray, The Roads of Roman Italy: Mobility and Cultural Change, Routedge, 1999, pp. 58-65.

[131] Von Hagen, Victor W., The Roads That Led to Rome, New York: The World Publishing Company, 1967, pp. 75-87.

[132] L. Casson, Lionel,Ships and Seamanship in the Ancient World. The Johns Hopkins University Press, 1995, pp. 27-35.

子或西班牙的金屬。

旅行仍然是一種歷險。羅馬人行前需仔細地準備，並有許多同伴結隊同行。陸地的旅行仍然不很舒適，但許多人寧願做陸地旅行，因爲海上的旅行有被海盜和風暴「侵襲」的危險[133]。

儘管有這些不便，陸路和海路的交通仍很繁忙。帝國的發展創造有利於旅行的條件，人與貨物的良好運行也確保帝國的生活品質。

羅馬人出於好奇對希臘及東方文明產生迷戀，一種「趕時髦的心態」，他們喜到希臘遊學，爲了提升文化品質，文化之旅充分滿足羅馬人的好奇心[134]。他們對於古代希臘所留下的文化遺產無不珍貴視之。

羅馬的軍人似乎是旅行者當中的主力，對於公路的修建和維修都投入許多心力。當士兵換防或出征時，絡繹不絕的人潮充滿羅馬大道，任職於外省的官員也頻繁地來往於羅馬與任職所在地[135]。商人在帝國全境不斷地穿梭找尋好生意。許多外省的羅馬人也因爲帝國的強大與榮耀而旅行，只要是羅馬公民，就可以在羅馬法律的保護下走遍各行省。

---

[133] Idem.
[134] Idem.
[135] Von Hagen, Victor W., op.cit., p. 155.

第七章　公務旅行

第一節　旅行前的準備措施

出發前一天，羅馬人的心理是矛盾的，他們大部分已經決定了旅行的路線，並預估此趟旅行的花費。能夠遠行的旅行者經濟基礎通常都不差，行前的準備工作也多由奴隸負責，他們對主人的習慣和愛好極其清楚，任何細微的問題皆已做最充分的準備。

羅馬最古老的大道是阿匹安大道，也是設施最完善的大道。羅馬貴族若不趕路，通常會選擇走這條大道，主要的原因是路面比較平坦，不會凹凸不平，像羅馬學者賀拉斯〈Horace〉等人除非有急事，皆寧願多花費一天的時間走阿匹安大道，也不願坐在車子上，走在顛簸不平的路面上受苦[1]。

然而有些人卻不是以道路狀況做爲考量的首要因素，羅馬學者佩特羅尼（Pétrone）就不願經過某些惡名昭彰的城市，如果走阿匹安大道將很快到達目的地，但他寧願走遠路，甚至繞一大圈子走設施不良的道路[2]。所謂名聲不好的城市，是指犯罪率較高的城市，如柯陀內（Crotone）就是一個不安全的城市。

羅馬軍團作戰時，最困難之事乃選擇行軍路線，指揮官在選擇道路時，常常要花很大的心思愼選路途短的捷徑或較爲崎嶇不平難走的道路。羅馬共和時期與迦太基爆發戰爭，迦太基將領漢尼拔即選擇繞過庇里牛斯山、阿爾卑斯山崎嶇不平的山路小徑，其行軍路線讓羅馬人措手不及，導致最後一敗塗地。羅馬指揮官猶豫的原因，是怕敵方軍隊也走相同的路線，短兵相接將打亂羅馬軍隊的作戰計畫，因此行軍路線在古代的戰爭可

---

[1]　Horace, Sat, LI.5.

[2]　Pertrone, Le Satiricon, CXIV.

謂重要的因素[3]。

羅馬歷史學家小普林尼的書信裡曾談到旅行的問題，他向親友敘述準備行李的情形，希望能在最迅捷的情況下到達目的地。事實上，每個旅行者的經濟情況各不相同，換言之，旅行者需要根據本身的經濟條件做出最好的選擇。[4]他們常常在選擇路線上感到困擾，選擇快速且舒適的道路或慢且顛簸的道路？走陸路還是海路？這些問題都讓旅行者猶豫不已，如何權衡艱難的行程也考驗著羅馬人的智慧。

此外，人們所用的交通工具雖然不如現代汽車、飛機來得便利迅捷，還是有多種交通工具可以選擇，如簡單的坐騎、兩匹馬拉的馬車、轎子等等。簡單的坐騎通常僅行進於新開闢的道路上，馬車則行駛於長程的旅途，如果路面比較粗糙顛簸，一般人會乘坐轎子。以上可知，羅馬人可選擇的交通工具還是蠻多的。

中國的章回小說裡常描述「旅店」作姦犯科之事，即所謂的「黑店」。羅馬人最擔心的就是進入這種黑店，因此他們總是選擇接近親友居住地方的旅店，或者較為熟悉的旅店，深怕一不小心進入黑店，賠了性命及財物很不值得。除了慎選旅店外，路上的乾糧也必須充足，尤其遠行時最忌獨行，因此結伴而行有其必要，能夠與身體健壯、善於使用武器的人相偕而行，在路途上也稍感有保障，這些人類似保鑣一路可以相互扶持幫忙，遇到突發事件時也有個照應[5]。

那些身無分文、浪跡天涯的旅行者，對於自身的安危根本不屑一顧，毫無顧忌地獨行於森林裡。旅行時，因為沒有任何顧忌，得以充分享受沿途明媚的風景，尤其是獨身一人更能放鬆，享受陽光和流水的樂趣[6]。西

[3] Tacite, Ann, LIL, Traduction d'Après Burnouf, par H. Bornecque, Paris: Garnier Flammarion, 1965.
[4] Idem.
[5] Idem.
[6] O. Perler, J. Lmarker, Les Voyages de Saint Augustin, Etudes Augustèennes avec Le Concours Du CNRS, Paris:

元四世紀，一些朝聖者要到達朝聖地，通常得經過路途艱難的地區，由於身無分文，僅僅抱著宗教的熱誠，路途上也忘記了危險和艱難。這類旅行者的情況和上述浪跡天涯的旅行者是同一類型，換言之，他們的心態大同小異。

　　然而正因為他們身無分文，也沒有一定的方向，他們比一般身負重任的羅馬旅行者可謂有趣得多，隨心所欲享受旅行的樂趣。現在還可以看到當時這批旅行者留下的文字紀錄：

　　「我喜歡離開大陸欣賞幽靜的河岸風光與山林之美……。」

　　「在那些刻著里數的路碑我獲得了新的力量……[7]。」

　　但羅馬人旅行的行程不是一成不變，即使行前有最完善的準備功夫，路上還是有可能遇到不可知的危險，因此旅途中與其他旅行者交換意見，打聽路途狀況做為旅行參考，這些資訊皆有可能改變他們的行程。這些難以預料之事，對於喜歡事先都安排好的旅行者而言相當困擾，行程改變會影響到他們預先準備的旅費。事實上，羅馬人對於旅行的開支都有最保守的預算，包括租車輛或坐騎的費用、旅行者和僕人的住宿費，以及渡海時所帶的食品花費。

　　海上旅行的費用只能大約估算，由於不能精確地預計航程，意味著在預算開支時應謹慎地保留，這樣才能安心。萬一中途有些變化，至少還有足夠的費用在旅館裡多待上幾天。例如路上遇到羅馬的軍隊行軍，就得讓軍隊的車輛和人員先行通過後才能上路，決定走海路的旅行者則需要看順風與否，這些不可預測的問題皆需要旅行者多帶一筆盤纏，以防萬一。

　　根據美國學者加松（Casson）的研究，海上旅行，一般船隻都需要支付港口的通行費，埃及的亞歷山大港就明確要求通過或離港的船隻繳交通

1969, p. 90.

[7]　Horace, Odes, LIII.XXV.

行費。西元九十年，旅行的人從埃及出發通常所需費用有一定的價碼：船
長需八德拉克馬（Drachma）、水手或熟練的工人則需十德拉克馬、軍團
戰士的妻子二十德拉克馬；如果是妓女，通行證所需費用則高達一百零六
德拉克馬[8]。從通行費用可以理解羅馬境內港口收費標準不一，此乃現實
環境使然，妓女屬於享樂事業，收費也高出甚多，其中也隱藏一股壓抑妓
女的意味。

　　羅馬作家普林尼給圖拉真的信件中曾經談到官員旅途花費的問題，據
其所述，當時的拜占庭地區派遣一名議員到羅馬任職，旅費約一萬兩千銀
幣，他認為這筆費用太高了，實際上，三千銀幣就足夠[9]。

　　無論如何，上述費用都實在太高，由此亦可證羅馬官員是非常豪奢的
特權份子，當時一般士兵用來購買衣服等生活用品（包括武器）大概僅花
十阿斯，相當於士兵的一日薪資，可見羅馬官員的旅途花費驚人[10]。類似
的情況早在羅馬帝國時期即已發生，羅馬全盛時期，羅馬城的生活費十分
昂貴，一般平民若從其他行省來到羅馬城，不但要戰戰兢兢、斤斤計較，
還有說不出的焦慮感[11]。旅行者發現來到羅馬城可能會把他們微薄的祖產
用光，羅馬的消費比其他行省實在高出太多。

　　單身旅客更負擔不起自己的旅費，需要教士們施捨才能成行[12]。和現
在類似的旅行者乃是出差的人，現在很多公司行號皆有員工出差給予出差
費，這項費用由老闆出資，羅馬時期負有使命的僕人其旅行的費用由主人
支出，小普林尼就承擔了諷刺詩人馬爾提利（Martil）所有旅行費用，小
普林尼之所以願意出資協助，因為對方是一位很有才氣的文人[13]。小普林

---

[8]　L. Casson, Travel in the Ancient World, p. 154.

[9]　Pline Le Jeune, Lettres, TIV LX 43.

[10]　L. Casson, Travel in the Ancient World, p. 154.

[11]　Idem.

[12]　Idem.

[13]　Pline Le Jeune, Letteres, LIII .2I. I .2-3.

尼對於「正直、熱心、有學識」的奴隸向來提供其旅費毫不吝嗇，例如他有一位已經被解放的奴隸朋友，小普林尼盡最大的努力協助他到埃及看病，當時從羅馬到埃及需要一筆很大的旅費，小普林尼不但幫他的僕人（解放的奴隸）出資，還囑託他在埃及的朋友協助他[14]。

羅馬時期的書籍都很笨重，運送書籍須付運輸費，按重量和路程計算，每一個信使大概負重四十公斤，每一里收費兩個銀幣[15]。信使的旅費當然也由其雇主全權負擔。

實際上，羅馬人的旅行和現代人的旅行性質相差不多，但是古代羅馬人的旅行充滿了不確定性，因此旅費也變得難以估計。

羅馬帝國的疆域甚大，各民族也極端分散，每個行省都有其特殊的文化以及傳統的習俗，旅行者則是羅馬帝國民族融合的象徵。對於一個國家而言，旅行者可以讓國家更有活力，亦促進一致的道德觀念，進而激發人們滿足好奇心。

---

[14]　Idem.

[15]　Idem TII LV 19 3à 9.

第二節　皇帝出巡與軍團行軍

　　羅馬皇帝日理萬機仍不忘常常出巡，皇帝旅行可是一件大事，爲此他們需要大量的人員做準備工作。羅馬有名的暴君尼祿，旅行時即很細心地準備他的車輛[16]，此外，塞維魯皇帝（Sévére）到羅馬東方行省時，向途經的各行省總督發出詔書，要求他們爲他做好旅途中一切的準備[17]。然而皇帝決定要在何處停留其實早在出發前就已經開始商議[18]。皇帝出門遠行聲勢極其浩大，除了大批隨行的官員，更有迎接的當地官員擁護者，其陣仗亦是非常壯觀。

　　要如何成爲一個讓人景仰的皇帝呢？首先是必須證明自己的眞正皇帝身分，羅馬帝國時期大多數人只聽聞皇帝的名字，卻沒有幾個人見過皇帝眞正的容顏，既然古代沒有傳媒可以用圖象把「總統」等官員即刻表現在電視或報紙上，因此假稱自己是皇帝也不是件難事，換言之，做爲羅馬的皇帝，必須在旅行的時候表現出來，尤其是羅馬幅員廣大，各行省官員既然未見過皇帝廬山眞面目，防範受騙的自我保護也很嚴密，若皇帝出巡時排場不夠，很有可能會被認爲是假冒，這樣就威脅到皇帝的人身安全，因此每一位皇帝旅行時非得講究排場不可。但出門在外的皇帝又如何讓人確信他是眞正的皇帝呢？最簡便的方式就是衣著裝扮與衆不同，皇帝的穿著往往有一些飾品佩帶在身上，例如身披飾帶、羽毛、肉冠、鬃毛等飾物，對於普通百姓而言，這些耀眼的飾物出現在他們的眼前，至少會讓他們相信「此人」必有來頭。豪華的馬車及隨行人員長長的隊伍，都是財富和地位的證明。因此皇帝說自己是皇帝還是不夠，只有用眞正的高貴地位與自

[16] Suétone, Vies des Douze César Néron TII L VI.
[17] R. Chevallier, Les Voies Romaines, p. 33.
[18] Idem.

然的奢華來證明皇帝的身分，那才是最有效最實際的證據[19]。

羅馬作家維內（Paul Veyne）在《麵包和馬戲團》一書中，對於皇帝旅行的排場有非常生動的描寫，書中也暗示羅馬皇帝或高級官員的豪華排場主要用來顯示自己的優越感[20]。

羅馬另一位名作家塞納克對於羅馬政客的旅行也有這樣一段的記載：**「某位高級官員在旅行時跟隨一批努米底亞的偵察騎兵隊，這個隊伍的士兵們全剃著光頭，因此非常顯眼，此時路上有許多來來往往的行人，這支光頭隊伍迅速地把他們支開，以便官員在滾滾灰塵中到來。倘若沒有人事先清理路上來往的行人或車輛，那即代表這位官員不夠分量[21]。」**如同現在的總統出門時都有警車開道，這樣才會顯示其重要性。

羅馬的高級官員旅行時，通常也有大包小包的行李。塞納克說：**「政客們的旅行都有騾子馱著水晶瓶、亞寶石瓶，都是金銀雕刻工匠的傑作，高官們坐在舒適的馬車內緩緩通過喧鬧的街道，侍從們忙著在他們的臉上擦上香脂防曬以保護他們的皮膚[22]。」**

尼祿皇帝旅行時行頭甚多，隨行隊伍中可以見到浩浩蕩蕩的馬車以及釘著銀掌的騾子。除了趕騾子的人外，還有傳令官以及奴隸隨行[23]。尼祿在宮中的生活極盡奢華，他的妻子波貝婭旅行時，為了保持肌膚美麗，竟然帶著五百頭產奶的母驢，以便在途中洗奶浴。

伽爾巴（Calba）皇帝旅行時也很重視自己的威望，除了龐大的隊伍外，還帶著裝有一千個小金幣的車子[24]。帝國時期擁有金幣是富有的象徵，金幣的價值也遠超過其他貨幣，伽爾巴皇帝帶著如此之多的金幣，可

---

[19] P. Veyne, Le Pain et le Cirque, Sociologie Historique d'un Pluralism Politique, p. 679.

[20] Idem.

[21] Senéque, Lettres à Lucilius, TV L XIX XX 123.7.

[22] Idem.

[23] Suétone, Vie des Douze Césars Néron, TII LVI XXXI.

[24] Suétone, op.cit., Galba TIII L VII VIII.

能是做爲獎賞或旅費之用。

　　羅馬另一個有名的皇帝哈德良旅行時，也總是喜歡帶著一支出色的隨從隊伍，隊伍中有藝術家、樂師、文人墨客等等[25]。

　　歷史上羅馬皇帝如果要出門遠行，通常都會帶著妻子，這未必是因爲他們疼愛太太，有時候這是必要的禮儀，猶如現在的國家元首出國訪問時會帶夫人一起出訪。羅馬文獻資料裡，有許多皇帝出巡時著著皇后一起旅行，例如屋大維和皇后利維亞一起到東方訪問、哈德良和皇后薩賓一同前往埃及、圖拉眞和普羅堤娜皇后一起在東方停留一段時間，直到西元一一七年圖拉眞去世後，普羅堤娜才返回羅馬[26]。此外，塞維魯皇帝還帶著皇后多娜一起出征。

　　羅馬軍團驍勇善戰，帝國軍隊擴張迅速。從奧古斯都時期起軍隊改常備，軍隊人數已達到三十六萬人[27]。許多將領都留下關於他們向外征戰以奪取權勢的回憶錄，現存的回憶錄資料裡可以知道，他們征戰之目的是爲了保衛羅馬，因此透過征服戰爭可以把羅馬的邊境向外擴張，相對地更能保衛羅馬的國防安全。當然，羅馬向外擴張也滿足個別將領的野心，當龐培在邊境作戰時，他的動機不是勇氣和理智，而是對虛假的權勢瘋狂熱愛[28]。換言之，年輕時的龐培即以顯赫戰功而出類拔萃，在西班牙，他戰勝馬略的最後一批支持者；在義大利，他平息了一場由角鬥士斯巴達克斯（Spartacus）領導的奴隸起義事件；在地中海地區，他驅逐讓海上貿易癱瘓及使羅馬城忍饑挨餓的海盜；在亞洲，他打敗米什拉達特及敘利亞國王並占領他們的國家[29]。龐培之所以南征北討，其動機顯然已經不是羅馬人

[25] B. D'Orgeval, L'Empereur Hadrien, p. 23.

[26] Tacite, Ann, LIII XXX IV.

[27] Idem.

[28] Idem.

[29] Suétone, Vies des Douze Césars, César TI LI XXXIV XXXV.

單純的愛國主義可以解釋，當然包括對權力的迷戀以及個人的榮譽感心理作祟。龐培之前的羅馬將領馬略（Marius）也是如此，馬略是義大利人，出身於家境良好的公民家庭。他在朱古達（Jugutha）戰役中逐漸嶄露頭角並擁有一些戰功[30]。後來當選羅馬的執政官。

據說「**當他穿過非洲沙漠追趕朱古達時，他是受榮譽的激勵才冒著這麼大的風險**」[31]。馬略率領他的軍隊遠征，這種勇氣仍是來自於他的野心。向外征服也是實現野心的必要手段，但不是純粹的目的。也就是說，一個將領深具野心，也將指引他或激勵他進一步向外擴張征服，其行進路線當然也受影響。凱撒向外征戰，所經路線涵蓋歐、亞、非三洲，凱撒軍隊行軍路線：在義大利半島上他占領翁布里亞（Ombrie）、伊特魯里亞（Ethurle），沿著亞得里亞海向布林迪前進，然後北上羅馬……到達西班牙，再從西班牙回到羅馬[32]。此外，他還從希臘的馬其頓（Macedoise）到埃及的亞歷山大，再經過敘利亞，從這裡到達蓬特（Pont）。

羅馬的軍隊無論在承平或戰爭時期，在路途上都可以見得到。實際上軍團的移動或移防很頻繁[33]。軍團所經過的地方必引起不小的騷動。

奧古斯都所帶領的那支勝利軍隊包括二十五個軍團，也就是十五萬人，另外還包括同樣人數的附屬部隊。但和九千公里長的羅馬邊界相比較，這樣的部隊人數不算多[34]。圖拉眞時軍隊已經到達三十個軍團，哈德良時又降爲二十八個軍團。軍團的行軍方式分兩種，其一是騎兵部隊屬機動性軍團，另外就是步兵部隊，以徒步行走爲主要的行軍方式，軍隊徒步行走的行程往往相當遠，此也可看出羅馬人堅強的耐性與毅力。

---

[30] Idem.

[31] J. Gage, Les Classes Socials dans I'Empire Romain, p. 229.

[32] Idem.

[33] Pline l'Ancien, op.cit., LXI XCVI p. 238.

[34] Senéque, Lettres à Lucilius, TIV L XV, p. 94.

　　如同現代的部隊行軍，羅馬軍隊每個月大約有三次的行軍。主要目的除了鍛鍊士兵的體魄，還要防止士兵無所事事，導致滋生種種事端，行軍也是避免士兵偷懶最好的方法[35]。人們往往在路途上看到羅馬士兵帶著作戰裝備做三十公里的行軍訓練，這是羅馬特殊的旅行者。

　　此外，士兵還需要做各種體力勞動，例如到伐木場伐木、挖戰壕、修築公路、造橋或建引水渠等繁重工作[36]。

　　羅馬軍隊實行輪調制度，雖然調防地區遠近不同，但調防還是屬於常見。古代軍隊的調動，其機動性不如現在的軍隊便捷，往往需提早準備。如果軍隊要從夏季營地調往冬季營地，換言之，可能從非洲或中東的熱帶地區調防到寒冷的中歐地區，路途相當遙遠，因而在秋季甚至更早些離開夏季營地或許會比較適當[37]。奧古斯都則讓其部隊就近在附近城市駐紮以減少長距離行軍。但後期羅馬軍隊已經不需要調防，士兵由當地募集，就在當地服兵役。

　　羅馬大道上亦可以見到退伍返鄉的士兵，如果遇到大規模的裁軍，將可以見到更多士兵湧進路上，軍隊集體從一個地區集結到另一個地區也屬常見。調防或許是因為戰爭的需要而做移防集結的備戰工作，羅馬皇帝卡瑞卡拉就喜歡任性地集結軍隊。

　　除了在路上可以看到軍隊行軍，人們還可以看到軍人眷屬湧上大路。尼祿的母親阿格麗品娜（Agrippine）嫁給克勞迪（Claude）皇帝之前，即曾隨羅馬將領日耳曼尼庫斯（Germanicus）一起出征[38]。羅馬將領帶妻子行軍也是司空見慣之事，但不是所有人都喜歡這樣，很多人對此提出異議，他們認為帶眷屬行軍會妨礙軍務，尤其婦女還會妨礙行軍，因為她們

---

[35] A. Aymard, J. Auboyer, Histoire Générale des Civilizations, p. 256.
[36] Idem.
[37] P. Petit, L'Histoire Générale de l'Empire Romain, p. 209.
[38] Idem.

無法忍受行軍的痛苦，也製造出不少麻煩[39]。

羅馬的海軍雖然人數不多，卻吸引奴隸或出身低微的人參與，主要是參加海軍或附屬部隊甚至軍團，可以提高社會地位。海軍也是羅馬軍隊大規模旅行的軍種[40]。即使在今天，世界各國海軍的海上「旅行」活動，大概也是在各軍種之首。為了下達帝國中央的法令，必須要有健全的「郵政業務」，帝國時期的「郵政」除了極少數例外，從不為私人所用，負責這項業務的人稱為「國家信使」[41]。它主要為了政治目的而設，聯絡網路迅速而普遍，羅馬皇帝可以充分利用，下達指令[42]。

羅馬帝國幅員廣大，中央權力機構所頒布的詔書必須透過專門的信使，在最短的期限內將這些文件傳送到有關人員的手裡。

羅馬第一位皇帝奧古斯都即是郵政制度的創始人。羅馬歷史學家蘇埃托尼（Suetone）記載道：**「為了使各行省的官員能夠以最快的速度向他通報行省所發生的事情，他在戰略要道上，每隔一段路程即設置驛站，備有機動人員，內又設置馬車。或者由同一個人持著急件走完全程，各行省官員可以在需要時向他詢問相關的情況[43]。」**

「戰略要道」讓軍隊能夠迅速從一個戰場向另一個戰場轉移，這些道路專為軍隊所用並且以軍費修建[44]。

任何人只要有特別許可證明，就有資格使用國家信使的權利，例如皇帝所簽署的證明文件，即使他不在羅馬，也可以由底下的代理官員行使國家信使的權利，各行省總督或使節的指令亦可以充分利用帝國的「郵

---

[39] Tacite, Ann LII XLI.

[40] Idem.

[41] P. Petit, Histoire Générale de l'Empire Romain, p. 215.

[42] Pline Le Jeune, Lettres, TIVLX120.

[43] Suetone, Vies des Douze Césars, Auguste, TI LI XXX.

[44] H. G. Pflaum, Essai Sur le Cursus Publicus sous le Haut-Empire Romain, p. 235.

政」[45]。小普林尼也曾經利用帝國郵政的便捷訊息，讓他的妻子能迅速趕往探視生病的姑母[46]。

「證明書」通常是青銅製成，有時是紙莎革紙做的；軍事證明書則是金屬製，上面標誌著時刻、日期或簽發的時間[47]。

人、車輛、馬匹都輪流替換，這樣可以保持他們的最佳狀態，信使通常從精銳部隊中挑選，不論他們身分如何，首先要有強健的體魄。最初帝國郵政由一般志願者擔任，後來轉變為職業型態[48]。羅馬人也可以利用帝國郵政傳達最平常的消息，例如祝賀新年、慶祝元首誕辰等[49]。

羅馬帝國的疆域跨越歐、亞、非三洲，因此帝國信使（即郵差）的傳遞路線伸向所有行省，到英格蘭就必須穿過英吉利海峽，要去東方亦必須越過亞得里亞海。如果一個信使要從頭到尾走完全程，必須在夜裡充分休息才能保持旺盛的體力[50]。

前述驛站在「信使」的工作中非常重要，「驛站」不僅是信使休息的地方，也是馬車歇息之地，是非常簡樸的旅店，可以滿足一般旅行者的需求。

這些旅店備有可容納四十匹馬或騾子的馬廄，可以替換套車牲口和護送人，將車和牲口送回前一站[51]。旅店周圍也有許多人從事服務性質的工作，如照顧馬匹、保護馬車或修理馬車等。「驛站」增加羅馬人就業的機會[52]。

[45] Pline Le Jeune, Lettres, TIV LX 120.
[46] H. G. Pflaum, op.cit., p. 227.
[47] Idem.
[48] L. Casson, Travel in the Ancient World, p. 183.
[49] Idem.
[50] Pline Le Jeune, Lettres, LX, 35.
[51] L. Casson, Travel in the Ancient World, p. 182.
[52] H. G. Pflaum, op.cit. p. 236.

　　目的地遙遠的地區，信使們旅行十分辛苦，遞送信件的人數也必須很多，信使才可以隨時出發。信使也有蒐集各地情報的作用，對帝國而言某些信使成爲皇帝的耳目[53]。

　　由於國家信使的改革，直接影響郵政的交通，於是哈德良皇帝命人整修道路，以便讓信息更迅速地傳達[54]。

　　國家信使機構的發展，最後變成帝國郵政的財政負擔，尤其途中的城市被這個機構的開支壓得喘不過氣。塞維魯皇帝決定將其中一大部分開支交給國庫承擔[55]。

　　西元四世紀以後，國家的信使工作由教會控制，教士們承擔了這個職務，主教們也讓一些教士發送他們的信件。他們不斷地旅行，行程很漫長，如此一來便可保持與基督教世界最邊遠地區的聯繫[56]。教士們扮演信使的角色，實際上也肩負了傳福音的工作。

　　羅馬帝國初期是一個強權國家，鄰近國家也紛紛討好帝國，力求與羅馬和平相處。爲了討羅馬皇帝歡心，許多國家不惜納貢，以換取相對的獨立，因此送信件的人、送貢品的人，在前往羅馬的長途旅行路上絡繹不絕。早在共和時期，敘利亞的安提阿（Antioche）信使就被派出向駐在伊康（Iconium）的西塞羅傳遞訊息，告訴他帕爾特國王的兒子已經到達幼發拉底河岸邊[57]。

　　共和時期羅馬的對外關係相當平穩，此乃得利於一批特殊的外交使節團。部分羅馬元老院議員負責接待他們、聽取民情。這些外交使節在羅馬停留的時間很長，陸續還有其他國家的使節團到來，他們必定帶來最新的

---

[53] L. Casson, op.cit., p. 185.
[54] B. D'Orgeval, op.cit., p. 274.
[55] Idem.
[56] D. Gorce, Les Voyages, l'Hospitalité et le Port des Lettres dans le Monde Chrétien des IVe et Ve Siècle, p. 211.
[57] Ciceron, Correspondance, TIV CCXI.

消息[58]。來到羅馬的使節團愈多，彼此交換的訊息也愈多。

到了帝國時期，羅馬皇帝刻意降低元老院的重要性，更願意在親信中挑選使節。由此可以想見雙方使節團在羅馬大道上交錯而過的情形[59]。

克勞迪時，南亞的錫蘭國王曾經派遣一個使節團到羅馬朝觀，西元一〇七年印度使節團在羅馬受到圖拉眞皇帝熱情的招待[60]。同樣地，羅馬的使節團也到帝國邊境以外的地區，人員相互交往促進雙方的了解，尤其在社會方面或文化方面，羅馬的這些使節團，對當地都起很大的影響[61]。

羅馬使節團出訪的原因很多，如軍事原因，爲了使戰爭及早結束，派使節進行軍事談判[62]；或者與某個國家聯合，即刻組成一個使節團出發[63]；有時則是出於無關緊要的原因，某些國家毫不猶豫地派遣使節團到羅馬告訴皇帝一些讓人難以置信的事，諸如半人半魚的海神在岬角的洞穴裡吹奏號角[64]。皇帝也必須知道一切緣由，尤其是對這些超自然的東西，皇帝會做一合理的解釋。

統治如此遼闊的疆域，必須有完備的組織與管理。羅馬皇帝當然知道如何保存共和時期政治體制，元老院、元老院議員、大法官等職位都留下來，然而不過是沒有實權的遺跡。一些「帝國官員」，由國庫付給薪俸，他們在帝國各地，也以主人的姿態出現[65]。這些人爲數眾多，不可能一一列舉，但那些附屬於中央政府受命進行職務旅行的人，或被派駐各行省執行中央命令的人，皆是帝國常見的旅行者。

---

[58] P. Grimal, Le Siècle des Scipions, p. 180.

[59] Idem.

[60] Pline l'Ancien, op.cit., LVI 2ème Partie, XXIV, p. 84.

[61] Wheeler, Sir Mortimer, Les Influences Romaines Audelà des Frontiéres, pp. 170-185.

[62] Idem.

[63] Idem.

[64] Idem.

[65] Aulu-Gelle, Les Nuits Attiques, TII LVI 3.

　　蘇埃托尼有這麼一段記載：「**奧古斯都為了使為數更多的公民參與國家管理，增設許多新的職務，諸如土木工程監察官、道路監察員、台伯河監察官、糧食監察官等。此外，在羅馬城設置兩位行政長官。一位負責吸收元老院議員，另一位負責檢閱騎兵隊。奧古斯都還任命戶口調查官以及社會風紀官，並增加了放款人的數量[66]。**」

　　帝國時期各行省的官員皆需履行其職責。羅馬的行省分為兩類，即元老院行省與帝國行省。元老院行省包括西西里島、薩丁尼亞島、伊利里亞地區、馬其頓地區等，其他行省則直屬皇帝管轄。各行省也有總督，並擁有軍事和民事的權力[67]。

---

[66] Suetone, op.cit., Auguste, TII L VII.
[67] Pline l'Ancien, op.cit., LIX III p. 9.

第三節　行政官員的旅行

在古羅馬史料文獻裡，旅行者的資料不勝枚舉，我們可以做下面幾項分類。

元老院議員

西元一世紀到二世紀，元老院的議員過著「悠閒的生活」，即所謂上流社會生活，他們的生活奢華，可以為了一道佳餚或名貴的布匹和昂貴的珠寶遣人從遙遠的地方運來[68]。

元老院可以發布命令給元老院行省總督，元老院議員也常奉命前往各行省視察，諸如各類的天災人禍，他們設法解決並排除困難，因此人們在旅途中可以遇見元老院議員[69]。

總督

羅馬各行省總督主要的職責在於行政、司法、政治方面，皇帝直轄的行省總督還負有軍事職責，他們到行省各地行使職權，儘管各行省在行政和財政方面皆享有自主權，但總督仍需回羅馬匯報他們的視察結果。

羅馬的文獻資料記載幾位較著名的總督，如圖拉真和韋斯巴鄉皆曾做過總督[70]。他需定期地巡行各地以履行職責，尤其當主要的城市法庭開庭

[68] R. Bloch, L' Épigraphie Latine, Paris: PUF, p. 39.
[69] Tacite, Ann, LII XLVII.
[70] Idem L XIII XLVI.

時，總督更應該前往監督[71]。

監察官

　　監察官有多種職能，例如台伯河及羅馬地下水道的維修保養。圖拉真皇帝時，小普林尼即做過監察官，小普林尼的好友台爾圖盧斯則是道路監察官，換句話說，他專門負責羅馬道路的保養工作[72]。

　　此外，還有水道監察官，羅馬的引水道僱用了大批人員。西元一世紀末，弗隆坦（Frontin）曾任羅馬城的引水道監察官，他估計羅馬帝國境內引水道保養維修及安裝的工人約需四百六十人左右，包括「監察官、水塔保護人、檢查員、鋪路工」等[73]。供應城市充分的用水是非常重要的工作，人們在長途旅行中到達這些城市時，最重要的是飲水解渴，一座城市能夠提供乾淨的飲水對旅行者而言是件愉快的事。何況充分的水源還能提供田地灌溉、公共浴池和城市內各角落的噴泉等，水源對一座城市的重要性可見一斑[74]。

　　如果說羅馬的監察官對水資源的管理有重大行政責任，那麼也由於行政職務關係，他們需要跑遍羅馬的公路或沿水渠而行，有些水渠超過一百公里，監察官的職責就是觀察它們是否正常使用[75]。尤其是部分私下引水，使得水的來源成為發生糾紛的主要原因。

---

[71] Suétone, op.cit., Vespasien, TIII L VIII IV.

[72] A. Aymard, J. Auboyer, op.cit., p. 294.

[73] Forntin, Les Aqueducs de Rome, CXVI CVII, p. 56.

[74] Idem.

[75] P. Leveau, La Construction des Aqueducs, n38 oct/nov79.

土地測量員

　　他們跑遍羅馬各行省進行土地測量工作，這樣的工作是開始於阿古力巴時期，結束於圖拉眞時期。

　　土地測量員首先把土地的面積一一列出，然後註明確切的地點及擁有者姓名的統計表[76]。此外，他們還必須向羅馬使者匯報定期的土地稅收狀況。

　　羅馬持續向外擴張，征服許多地區，如希臘、北非的迦太基和高盧、東方等地。在戰場上「征服」這個詞字面的含意即是大量成爲奴隸的人，西元前一世紀到西元一世紀期間，羅馬的奴隸數量達到最高點，當時在羅馬社會中人們使用奴隸已經非常普遍。

　　第二次布匿戰爭（218 B.C）期間，羅馬將領保羅埃米連（Paul-Emile）便俘虜了十五萬名埃皮魯斯（Epirote）人帶回羅馬城，奧古斯都時期陸續有帕爾特人、摩爾人、敘利亞人淪爲奴隸[77]。

　　這些俘虜淪爲奴隸後生活也很悲慘，羅馬人眼中的奴隸不是人，只是一件東西。奴隸沒有休息時間，犯錯會遭到鞭打，既然只是物品那當然可以在市場上被出賣，提洛島（Delos）就曾在一天內賣出一萬多名奴隸，他們被運往義大利的買主家裡工作。圖拉眞

圖7-1　提洛島
資料來源：劉增泉攝

[76] Idem.

[77] A. Aymard, J. Auboyer, op.cit., p. 156.

皇帝在達西亞戰勝也俘虜了五萬名戰俘，這些戰俘全被帶往義大利充當奴隸[78]。他們常常擠在大船上或沿著大路伸展成一縱隊，抵達拍賣市場後，販賣奴隸的批發商將他們轉到零售商手中，然後再轉到購買他們的買主手中[79]。

　　羅馬作家奧陸格列（Aulu-Gelle）在「阿提卡之夜」中曾經對奴隸市場做了簡要的介紹：「**……務必使每個奴隸的牌子都寫好，使買主能清楚了解每一個奴隸有什麼疾病或缺陷[80]。**」奴隸的不同特徵也直接把他們從待售的奴隸區分開，通常他們頭上會帶一頂帽子[81]。剛從行省來的奴隸則在一隻腳塗上白色的石膏[82]。這些奴隸的頭髮和眉毛都會被剃光，如果他們的項圈或鐵鏈上刻有字母「F」（Fugitivns，逃跑者），表示他們曾經逃跑過[83]。

　　買主們會挑選健壯、聰明和漂亮的奴隸，他們的價錢很高，這些奢華的奴隸是留作「炫耀」之用[84]。富有的羅馬人喜歡炫耀財富，他們的欲望也很容易得到滿足，奧古斯都在位時就用摩爾人和敘利亞人在宮中表演。奴隸除了賣給富有的人外，還有一些屬於公共財產，他們是政府機關裡的雇員，主要讓官員們使用，他們是國家的財產，例如國家的信使，或運送屍體的人[85]。但獲得自由的奴隸透過自己努力和智慧者而成功的也不少，許多人在卡瑞卡拉（Caligala）、克勞迪（Claude）以及尼祿時期，不斷地成為國家部門的幹部，有些人則經商並大獲成功，著名的例子有特利馬

---

[78] Idem.

[79] J. Carcopino, La Vie Quotidienne à Rome l'Pogée De l'Empire, p. 87.

[80] Aulu-Gelle, Les Nuit Attiques, LIV II I.

[81] Idem.

[82] Idem.

[83] Pétrone, Le Satiricon, CIII.

[84] A. Aymard, J. Auboyer, op.cit., p. 157.

[85] Suétone, op.cit., Aug, TI LII LXXXII.

爾西翁（Trimalcion）、帕拉斯（Pallas）和納爾西斯（Narcisse）都名留史冊[86]。

西元二世紀羅馬帝國逐漸由盛而衰，帝國的疆界不再擴展，羅馬的征戰也結束，戰俘隊伍也隨之消失[87]。但這並沒有結束大批奴隸跟隨主人遷移而往來不息的局面。

奴隸中以私人奴隸居多，他們在羅馬社會也起著相當的作用，日常生活中他們也占據重要的位置，他們在家裡擔任各類任務，在莊園裡為數眾多且各有所司[88]。羅馬作家小普林尼就有五百名奴隸，奴隸可以當作送信人、朗誦者，人們可以把信件、請柬或口頭消息委託他們，他們的往來道路總是非常熱鬧，西塞羅在信中就曾經描述過這種情況。

人們亦經常可以在田裡看到一群奴隸努力工作，部分奴隸還被鏈子鎖著，主要的是防止他們逃跑。另一些奴隸則深獲主人信任，他們在花園裡修剪花木，花園的美觀與養護全由他們悉心管理[89]。還有一些奴隸是角鬥士，他們需跟隨主人到處表演或競技。

繼羅馬的征服之後，就是以武力獲取領土的時期。羅馬的土地開發也涉及農業與礦業，兩者都是人們重要的資源，因此土地問題也引起不少爭端[90]。某些得不到土地資源的人則放棄耕種的想法，轉而尋求其他出路，有人去當兵也有人轉向游牧生活。

西元前一世紀，羅馬在西班牙的貝提斯（Baetis）建立一個殖民地，這是羅馬第一個在義大利半島以外地區的殖民地[91]。他們主要是由一群傷殘的老兵組成，儘管有不同的法令，對那些與羅馬結成同盟的人民來說，

---

[86] Martial, Epigrammes, TII LVIII LXXX.
[87] Idem.
[88] Idem.
[89] Idem. LXIII VI LXIII.
[90] Idem.
[91] P. Grimal, Le Siécle des Scipions, Rome et l'Hellénisme au Temps des Guerres Puniques, p. 140.

還是形成了一種「羅馬式」的城市生活方式。

　　由於城市人口激增，羅馬鼓勵移民以減輕城市的負擔，那些移民出去的人則由當地政府承擔其費用[92]。實際上，羅馬由於城市過度的擴展，因此藉移民擺脫失業人口，打發他們到被征服的地區居住。

　　共和時期的凱撒則把八萬名羅馬公民分散到海外殖民地[93]。後來屋大維也繼承這個政策，他把後援的士兵以及沒有土地者遣往非洲迦太基行省，而且還以其親信控制非洲行省的土地資源[94]。此外，他也毫不猶豫地迫使四萬名日耳曼人遷徙到萊茵河左岸，此時蠻族在行省定居，並開墾因戰爭而荒蕪的土地[95]。

　　歷史還記錄了臨時性的移民行動，這歸因於一些災難，西元七十九年維蘇威火山爆發，臨近的城市人口都被疏散[96]。另外，還有些人被大量湧進的兔子或老鼠摧毀家園，因此也不得不整個遷走[97]。

　　羅馬大道上充滿形形色色的旅行者，不論是列隊前進的軍團士兵還是國家信使、身負使命的官員，以及被鏈子鎖著排著長隊的奴隸，這些都是旅途中的景觀，由此可以想像羅馬道路上是一幅活潑生動的畫面[98]。

　　共和時期，公民如果犯了嚴重的錯誤被判處死刑，他可以選擇一種代替死刑的刑罰以保留活命，此即所謂的「流放」。因此當地人被「流放」時，他必須立刻離開，他的財產被沒收，也禁止他人給予水和火，換言之，禁止人們給被流放之人食物或住宿的地方，這些人往往需長途跋涉才能找到安身之地。這種驅逐出境的流放刑罪，其實等於被判刑的人「民事

---

[92]　Idem.

[93]　Suetone, op.cit., César, TI LI XXXXII.

[94]　Suetone, Tibére, TII LIII IX XXXXVII.

[95]　A. Aymard, J. Auboyer, op.cit., p. 331.

[96]　Idem.

[97]　Pline Le Jeune, Lettres, TII LVI, 20.

[98]　Rutilius Namatianus, Sur son Retour, TI, 290.

死亡」，它使受刑人成爲一個流浪者[99]。

中國有句諺語：「伴君如伴虎。」在羅馬帝國時期也是如此。權力愈大的人，離皇帝也愈近，然而這些官員一旦犯錯其刑罰判決也愈嚴厲，爲了殺雞儆猴，他們可能被終身流放，伴隨的是被剝奪政治以及公民權利，當然財產也會被沒收。因此大臣離皇帝愈近，危險也愈大。

如果上層階層的人被判的刑罰是可以保留公民權，這是比較輕的「有期流放」判決，不沒收財產，還可以保留政治和公民的權利[100]。但同樣的罪刑下，出身低微的人就被處以死刑或判服苦役，沒有人能免去這些刑法[101]。

奧古斯都的外孫女被判終身監禁後即流放到離羅馬兩百公里遠的地方[102]。另外，提比略將其兒媳婦「流放」到遙遠的地方，途中她乘坐的馬車也引起四周好奇的人圍觀，士兵則努力驅散好奇的路人，長途跋涉中，她還被毒打一頓，最後竟被挖去一隻眼睛[103]。奧維德（Ovide）由於作品「愛的藝術」違反羅馬的道德精神，被判保留公民權的「有期流放」，他被流放到黑海之濱[104]。某些羅馬皇帝則強姦大臣之妻後，再放逐她們，例如「**當奧斯茱亞嫁給皮宋時，皇帝卻下令將她帶到他那裡去，幾天以後，又拋棄了她，兩年後，再放逐她，因為她再度與丈夫共同生活[105]。**」

流放也是一種統治手段，一種清除異議思想的方式。羅馬歷史學家塔西佗說，猶太祭司向解放的奴隸們傳播猶太教的信仰，這會使他們的信徒

---

[99] Pline l'Ancien, op.cit., VIII, 104.
[100] Tacite, Ann, LI LIII.
[101] Idem.
[102] Idem.
[103] Suétone, op.cit., Tibére, TII LIII.
[104] Ovide, Tristes, LV.21.
[105] Suétone, Caligula, TII LIV XXV.

遭受流放[106]。元老院決議將四千個受到新思想感染的猶太人送往撒丁尼亞島，「……**他們必須在撒丁尼亞島上執行肅清搶劫行為，如果他們因天然災害而死亡，那麼這種損失也沒有什麼可惜。如果在一定時間內，他們還不放棄瀆神的信仰，那麼就可能被迫驅離義大利[107]。**」

　　羅馬的哲學家常常有顛覆性的言論，對羅馬政權也構成威脅，因此圖密善皇帝決定把普魯茲第翁（Puluziaung）和愛比克泰德（Epiktetos）逐出義大利[108]。

　　當權的羅馬行政官員，雖然對於因政治原因而強迫驅離對手也感到不適當，但還是我行我素。羅馬元老院曾經公布決議要制裁他們，然而這些文告執行起來還是軟弱無力[109]。圖拉眞就曾經放逐過一個噓他的觀眾[110]。羅馬另一個皇帝提比略亦曾趕走擾亂秩序的喜劇演員，尼祿皇也做過同樣的事[111]。

---

[106] Tacite, Ann, op.cit., LII LIV XXV.

[107] Idem LII LXXXV, p. 130.

[108] Suetone, op.cit., Domitien, TIII L VIII X.

[109] P. Petit, Le Premier Siécle de Notre ére, p. 51.

[110] Suetone, Auguste, TI LII XLV.

[111] Tacite, Ann, LIV XIV.

第八章　商務旅行

第一節　旅行的一般狀況

　　對旅行者而言，強盜並非他們唯一的威脅，他們還會碰到一些其他的麻煩，比如路途難走、車壞了、遇見野獸、下榻的旅店不太舒適等，當然他們偶爾也會受到熱情的招待。

　　道路的狀況不佳，使旅行者備感艱辛，例如人們在完全鋪上石板的道路上行走，常常會被路上的小石頭和碎片磨破腳[1]。

　　以義大利的旅行者為例，某些單身旅客既沒錢又沒住處，他們在出發前只有一個裝破衣服的包袱，這就是他們全部的家當，他們把包袱扛在肩上木棍一端的叉子上，這根棍子對於這些出外人而言，既是武器也是拐杖[2]。有時候他們走的道路不僅泥濘不堪，甚至還要穿越陰沉沉的樹林，這些樹林裡常常有盜匪出沒，一不小心就可能掉進灌木覆蓋的深溝裡，如果想穿越過亞平寧山脈，還不得不通過山路難行的屏障。

　　列舉了上述旅行者遭受的威脅之後，人們不禁要問，如果旅行者事先知道這些情形，還會不會去經歷這種艱難的行程呢？然而，他們又怎麼可能一點都不知道路途的危險呢？是否他們只是被一種冒險精神所驅使？此外他們在途中聽到其他旅行者的見聞會不會有一些防備的措施？根據資料得知，當時的旅行者對這些危險的旅途看法並不一致。

　　一般而言，富人的旅行條件遠比窮人好多了，他們可以騎馬或坐四輪馬車。然而在嚴寒的冬季和酷熱的夏季裡，他們的旅行還是有諸多不便及不適。

　　羅馬的道路有很多泥磚路面且充滿灰塵，有時一陣疾風揚起灰塵讓旅

---

[1]　Pétrone, Le Satirricon, LXXIX.
[2]　Apulée les Métamorphoses, TIII L LX.

客們口鼻不適[3]。羅馬皇帝卡利古拉（Caligula）出發前往目的地之前，必定會命令市民清掃附近城市的道路以減少灰塵的困擾[4]。而平原夏季的炎熱加上途中飲用水的缺乏，山區冬季則被風雪所覆蓋，這些對旅行者皆構成不利的因素。羅馬作家賀拉斯在著作裡曾提到，他在薩賓（Sabine）的叢林中散步時居然撞見一匹狼[5]。羅馬歷史學者普魯塔克（Plutarque）記載，龐培在希爾卡尼亞（Hyrcaine）（靠近裏海地區的城鎮）碰到大量致命的毒蛇，迫使他不得不繞一大圈子[6]。老普林尼亦有一些關於西班牙旅行者的記載，他說旅行者經過西班牙的草原時，遇到大量兔子布滿整個路面，他們不得已只好原路返回。人們在高盧地區更看到令人驚訝的奇觀，許多人竟然被青蛙和蛇趕出家園。有時鄉間的道路上突然湧現數以萬計的老鼠，此亦使旅行者知難而退[7]。維吉爾的名著《地理學家》提到，在義大利南部矮叢林中生活的兩棲蛇，這種蛇在肚子上有大斑點，平時在水塘裡出沒，偶爾也會躍上乾燥的陸地上，或遊行於田地間；乾渴時，它會感到疲憊不堪且四處亂鑽，此時睡在斜坡上的旅行者最容易成為兩棲蛇攻擊的目標[8]。

　　義大利的拉丁姆平原有一塊大沼澤地，這裡的空氣由於死水不流通之故，散發著一股惡臭，沼澤區蚊子四處肆虐，癩蛤蟆的叫聲更是響徹雲霄，這個地方對旅行者而言實在令人難以忍受[9]。

　　幸好這些古代羅馬作家所描寫的「旅途阻礙與困難」，並不是每一個羅馬旅行者都能遇到。

---

[3] Idem.

[4] Suétone, op.cit., Caligula, TII LIV XLIII.

[5] Horace, odes, LI XXII.

[6] Plutarque, Les Vies des Hommes Illustres, Pompée, LIV, p. 263.

[7] Pline l'Ancien, Historie Naturelle, LVIII XLIII. Rutilius Namatianus, Sur Son Retour, TI , p. 290.

[8] Virgile, Géorgiques, III, pp. 515-449.

[9] Horace, Satires, LIV.

　　旅行中可能有令人不愉快之事，在投宿的旅店內亦會遇到困擾的事情。對羅馬人而言，出門在外可以說「到處都感到不舒適」，想到旅途中的耗時及路途的艱辛，他們心裡的焦慮不安可想而知。旅行者決定啓程以後，會碰到諸如交通工具、驛站等問題。交通工具方面有時並不很舒適，一路上顛簸，讓人精神耗盡、疲憊不堪。投宿的旅館如果沒有事先打聽清楚，一不小心即可能踏入黑店，最後落得人財兩失。

　　這些驛站沿著眾多的交通線設置，這些地方當然不乏娛樂場所，但有時這些娛樂活動會有詐騙事件發生。旅行者若想休息或換坐騎，可以選擇公共驛站或私人驛站，前者是帝國行政機構官員的組織，後者是給普通旅客住宿休息的地方，公共驛站所設的旅店，官方人員有優先權，但一般旅客也可以投宿[10]。驛站有好幾種，如皇帝下榻的行宮、著名人物使用的營地（Praetorium）[11]。尼祿皇帝曾下令修建「塔貝納」（Tabernae）小酒店，這種酒店可以讓過往的旅客稍作休息，吃頓飯，聊聊天，再換坐騎上路。

　　另有一種「德維索瑞姆」（Deversorium）的小客棧，專門為富有的羅馬特權階級所設計，這裡可以盡情吃喝玩樂，有錢人「一擲千金」也樂得老闆們荷包賺滿滿[12]。

　　還有一些小酒館叫「納莫波利姆」（Thermopolium）的小吃店，這裡可以買到冷熱食物或飲料[13]。人們可以飲水並稍作休息，酒館的店面是面向街道的櫃檯式，櫃檯內放著很多水罐供旅客飲用[14]。

　　外表平靜的驛站內部有時也暗藏賭場，旅客不顧法律禁令在這裡玩各

[10] L. Casson, op.cit., p. 185.
[11] H. G. Pelaum, Essai Sur le Cursus Publicus sous le Haut-Empire Romain, pp. 244, 339.
[12] T. Kleberg, Hôtels, Restaurants et Cabarets dans L'Antiquité Romaines, p. 7.
[13] R. Chevallier, Les Voies Romaines, pp. 218-219.
[14] Idem p. 25.

種各樣的賭博遊戲[15]。實際上這種藏汙納垢的小酒店也確實為旅行者提供一個隱蔽的賭博場所，因此長期以來，「羅馬酒店」搏得不光彩的名譽。

羅馬城有許多飲料零售店，提供各式各樣的娛樂。相反地，奧斯蒂亞城（Ostie）則很少這類的店。羅馬之所以有這麼多的飲料零售店，主要還是在這裡聚集許多水手、苦力以及投機商人。

羅馬的旅行者在路途中會碰到許多小酒店（Auberges），這種小酒店隨處可見，人們也喜歡用「小酒店」這個名稱。店主們熱情地接待旅客，提供吃喝及住宿需求。此外，還有所謂的客棧（Hospitium），它像旅館一樣設有馬廄，大門入口兩側各設有一個門廳，還有一個院子，兩邊設有飲水槽和馬廄，樓上則是臥房[16]。通常每間隔十到二十公里，設有供應馬匹的驛站，這些坐騎就由當地的馬蹄鐵匠們照料著。

從上述的例子中，我們可以知道，不同類型的旅店提供各種各樣旅客不同的需求與服務，其中有一種驛站僅提供旅客短暫休息之用，歐洲直到十九世紀還有旅店和驛站的區分。

一般而言，旅店老闆都希望旅行者能夠節制飲酒，但沒人會遵守，飲酒過量的人經常醉酒滋事，迫使官方不得不監督這些旅店。提比略皇帝曾下令禁止在旅店內販賣糕點，因為他認為吃糕點是奢侈的行為[17]。尼祿皇帝也有一道禁令，他禁止旅店販賣「除了蔬菜以外的熟食」，類似的禁令對旅行者而言根本毫無作用，旅店老闆還是繼續做他們的生意[18]。

旅行和住在旅館的樂趣是可以結交朋友，所有的人都能享受這一樂趣。人們在喜歡的驛店裡安頓好，就開始找樂子。旅客最喜歡的娛樂是擲骰子的遊戲，從共和時期就讓人樂此不疲，雖然官方三令五申禁止這類

[15] J. Carcopino, La Vie Quotidienne Romee à l'Apogée de l'Empire, pp. 292-293.

[16] T. Kleberg, op.cit., p. 35.

[17] P. Petit, Histoire Génénale de l'Empire Romain, Le Haut-Empire, p. 84.

[18] Suétone, Néron, TII LVI XVI.

「賭博」玩意，但還是無法阻止人們此項偏好[19]。旅客還可以悠閒地觀看妓女在她們自己房間裡徘徊著勾引客人[20]。被旅店裡的「小姐」灌得醉醺醺的旅客，此時再被鄰桌喜歡講述冒險經歷的人刺激，就很容易成為「小姐」們的獵物，她們會把這些男士帶進「溫柔鄉」內讓他們難以抗拒，然後再伺機洗劫一空他們的財物[21]。

　　旅行者所住旅店的床褥有時充滿了臭味，甚至還有蜥蜴、蜘蛛在床上爬來爬去。半夜偶爾還會聽到一陣激烈的爭吵聲，接著就聽到打架的劈啪響聲，當他們走到屋外時，才發現店主已經把警察找來了[22]。

　　店主偷竊旅客財物的情形經常發生，他們常常向旅客亂開發票或對飯錢漫天要價[23]。義大利亞平寧山脈的伊塞爾尼亞城鎮（Isernia）曾經發現一塊墓碑，碑上有這麼一段記載旅店內的消費情形。〈埃羅提庫斯及妻子法尼亞之墓誌銘〉**「店主的帳單如下：酒和麵包：一阿斯、調味品：兩阿斯，沒有異議。妓女：八阿斯，也沒有異議。騾拉轎子：兩阿斯[24]。」**

　　旅店的聲譽好壞與店主的貪心與否有相對的關係，然而一些謠言和稀奇古怪的傳說也會使旅行者怯步，例如某家旅店一位小姐的男友移情別戀，這小姐只說了一個字就把情敵變為河狸，之後她的鄰居又成為其情敵，她在怒氣之下就把鄰居變成一隻青蛙[25]。根據老普林尼的說法，帝國初期幻術與醫學已經發展成熟。到了西元二世紀，天文學、占星術又到處盛行[26]。上述旅店裡的傳說無疑是虛構的故事，當然也有可能是那位小姐

---

[19] Suétone, Vies des Douze, Auguste, TI LII LXXI.

[20] T. Kleberg, Hotels, Restaurants et Cabarets dans l'Antiquité Romaine Uppsala, p. 35.

[21] O. Perler, J. L. Maler, Les Voyages de Saint Agustin, p. 106.

[22] Petrone, Le Satiricon, XCV à XCVII.

[23] Rutiltus Namatianus, Sur son Retour, p. 383.

[24] Idem.

[25] Apulées, op.cit., T. LI. IX.

[26] Pline l'Ancien, op.cit., XXX, 10.

在變魔術吧！

　　羅馬帝國末年，旅店成爲一個惡名昭彰的場所，人們喜歡來這裡尋歡作樂[27]。官方有鑑於此，在各地的教堂裡修築許多供文書官員住宿的客房，朝聖者亦可在此借宿過夜，客房內還提供祈禱室，對旅行者而言，在教堂借宿遠比外面的旅店安全得多。

　　雖然不是所有旅店都像前面所述那樣糟糕，但如果旅行者可住在朋友家無疑地會更愉快。西元一世紀，羅馬人有一種區別於旅店的民宿。旅行者可以到私人或公家提供膳宿的地方過夜，無論公民、外地人或外國人皆可以在這裡休息住宿，這種供給膳宿的措施也使羅馬人與其他民族建立相互聯繫的管道，進一步保持了羅馬的和平[28]。

　　羅馬各地區的城市所提供的膳宿性質也不太一樣，義大利的伊斯佩拉（Hispella）居民爲所有旅行者提供完備的膳宿，他們可以隨意吃麵包等食物，費用皆由城市的公款支出。至於「Hostis」這個拉丁名詞即中文的「客人」之意。根據西塞羅的解釋，Hostis是指那些手持合約的人，羅馬政府允許他們居留帝國境內，這種居留權可以給個人，也可以給予一個國家。從另一角度而言，證明古代羅馬人非常好客，之後由於諸多緣故，羅馬人這種好客的風俗也逐漸消失了，「Hostis」這個詞最後竟轉變了最初的「客人」意思[29]，變成用來專指羅馬的敵人了。

　　一般而言，各城市提供膳宿的對象主要是在羅馬境內旅行的人，只要他們有一封單位主管的介紹信，就可以享受很好的招待。另一種旅行者得到免費膳宿則是偶然，譬如當他們迷路時，或在海上遇難時，這種助人的善行在每一個時代均保留著，會協助落難旅客的人多半來自下層階級，例

---

[27] O. Perler, J. Maler, Les Voyages de Saint Augustin, p. 106. Denis Gorce, Hospitalité et Port des Letters dans le Monde Chrétien.

[28] P. Huvelin, Essai Historique Sur le Droit des Marches et des Foires, p. 83.

[29] Daremberg et Saglio et Pottire, Dictionnaire des Antiquités Grecques et Latine, p. 57.

如農民或漁夫等，他們往往會把自己的小屋讓給遇難的旅行者居住[30]。雖然他們的待客之道不甚高雅，卻和藹可親。旅客經過一段很長的旅途時，精神和體力也消耗殆盡，當他們拖著疲乏的身軀冒著惡劣的氣候折磨時，敲開最近的房舍請求住宿，此時主人的熱忱歡迎是無價之寶，旅行者一邊烤東西吃，一邊講述旅行的冒險故事，主人和客人的熱情有禮，彼此也留下美好的回憶[31]。

當然投宿民宅並不是旅行者碰到唯一令人愉快的事，對那些好奇的人來說，陸上旅行充滿讓人驚訝的場景與激動的畫面。混在人群中的旅行者根據自己的興趣充分品味令他們感到陌生的情調，每一個路口的拐彎處，每一次穿過的村鎮，旅行者都會目睹一些慶典儀式，或者出乎意料地聞到一股香味，看到的色彩，聽到的聲音，在在都充滿異國情調，淹沒在異國他鄉的人潮裡，閒逛看熱鬧的人或許還會看到羅馬軍隊凱旋的場面，這種隆重的儀式往往是列隊的遊行，在勝利的號角中，凱旋歸來的將領在旌旗簇擁下進入羅馬城，身後隨行的是戰友、士兵和樂手等，從敵人處搶來的戰利品也緊跟在隊伍之後，接著是戰敗的俘虜以及他們的城市畫片也在遊行隊伍中被展示。[32]

如果旅行者的目的是一睹皇帝的風采，那麼凱旋儀式裡最重要的「閱兵式」將可以滿足其願望[33]。羅馬皇帝出現時，身邊有十二位手執束棒的侍從官，他檢閱威武的軍團，當人們看到四匹漂亮的馬拉著戰車上的凱旋者時，全場人群沸騰，獲勝軍隊組成的遊行隊伍從馬爾斯（Mars）廣場出發，穿過凱旋門，經過馬克西姆斯（Maximus）劇場，此時人們早已經擠滿臺階觀看雄偉的遊行場面。附近的卡匹托勒（Capitole）廣場及街道

[30] Apulées, Les Métamorphoses, TI LI XXVI.

[31] Pétrone, Le Satiricon, LXXX.

[32] Apulées, TI LI XXVI.

[33] Suétone, Néron, TII L VI XIII.

都裝飾著花環,神廟也打開大門歡迎人群。

另一個可以一睹皇帝風采的機會是盛大的嘉年華會表演,此時旅行者可以看到皇帝坐在華麗的座位上,觀看遊行隊伍從他面前走過。傳統的習慣上,遊行隊伍打頭陣的是法官,依次是祭司、屋大維的塑像、音樂家、舞蹈家,殿後的是最壯觀的馬車夫隊伍[34]。儘管旅途上皆感疲憊,但人們還是值得參加這樣盛大場面的遊行活動。

人們參加葬禮的儀式就不是出於好奇心了,對於羅馬人而言,出席葬禮儀式乃是出於義務與感情的因素。如果死者在社會上有相當的地位和財富,送葬隊伍就可能很壯觀,為了顯示葬禮的隆重,送葬隊伍必須穿過凱旋門,此外,死者周圍亦簇擁許多戴著古人面具的被保護人,這是為了讓死者的祖先靈魂能回來參加他的葬禮[35]。接下來的儀式亦不再有莊嚴的色彩,吹笛子的人在死者靈床前吹奏安魂曲,家屬們亦排列順序瞻仰遺體。

羅馬作家阿普列(Apulée)在旅行途中曾經看到一幅動人的畫面。他描寫道:「**街道上來來往往的軍人、獵人、捕鳥人、漁夫,讓人目不暇給。還有穿著漂亮服裝的仕女們,已經被馴化的熊穿著婦人的衣服坐在轎子裡招搖過市,一隻大猩猩和驢子身上被人裝上翅膀[36]。**」

上述的場景隨時都有可能出現在旅行者的眼前。羅馬另一位作家尤維納勒(Juvénal)描寫道:「**……很久以來敘利亞的風俗民情就傳到了台伯河地區,人們在台伯河上彈奏豎琴、吹笛子、敲打雷鼓,妓女們也忙著在馬戲場附近拉客……[37]。**」

塔西佗也曾描寫羅馬城內人群的細節,他帶著蔑視的筆鋒道:「**東方**

[34] J. Carcopino, La Vie Quotidienne à Rome à l'Apogée de l'Empire, p. 27.
[35] R. Bianchi-Bandtnelli, Rome, Le Centre du Pouvoir, p. 59.
[36] Apulées, Les Métamorphoses, TIII LVIII IX.
[37] Juvenal, Sat. III. 63-66.

來的藝術家、演員、音樂家、舞蹈家，其中以妓女的才藝最為聞名[38]。」
另外，老普林尼對羅馬各地的美食有一份詳細的記載，**「露天廚房飄出的
味道，令人垂涎不已，熱騰騰的香腸和煮熟的鷹嘴黍，使遠道而來的旅行
者重新恢復精神[39]。」**

　　旅行者若經過港口，可能會看到各種的珍品。義大利的普羅勒斯港
（Pouzzoles），人們會看到從亞歷山大來的水手，穿著白衣，戴著花
冠，香氣熏人從船上走下來，這個場面會使人想到遙遠而神祕的東方，這
些從亞歷山大來的船隻亦吸引了大批好奇的人圍觀[40]。

　　人群中，一些旅行者等著下船的旅客，另一批人則準備上船，大部
分人都帶口信要轉交給在埃及的親友，喧譁沸騰聲中，信使們試圖在港口
邊、看熱鬧人群中找到收信人[41]。熱鬧的氣氛中，港口的工人、水手、搬
運工忙著工作，搬運工們卸下裝著小麥的布袋，他們把一些笨重的貨留給
熟練工人，港口邊有推小車的工人四處穿梭著，還有專門負責秤重和測量
的人，他們主要負責處理由亞歷山大港來的散裝小麥[42]。從船場來的船體
檢修工，他們到船上檢查是否需要修補或保養，在碼頭上喧鬧的人群有商
人、銀行職員、零售商人、工人等，這幅景象在今天的義大利海港則相差
無幾[43]。

　　其實觀看從船上卸小麥並不是一件很有趣的事，普羅勒斯的居民最喜
歡觀看遠道而來的異國動物，他們認為大象最有趣，看到這些龐大的動物
如此驚惶地下船，的確是件令人驚訝的事。正如老普林尼所描述，**「儘管
趕象的人一直試圖安撫大象，但牠們卻怎麼也不肯走上船板，牠們不停地**

---

[38]　Tacite, Ann 14-15.

[39]　Pline L'Ancien, Histoire Naturelle, L VII XX. 82.

[40]　Suetone, Vies des Douze Césars, Auguste TI LII XCVI.

[41]　Seneque, Lettres à Lucilius, TIII LIX. 77. I.

[42]　J. Rouge, Recherches sur l'Organisation du Commerce Maritime en Méditerranée sous l'Empire Romain, p. 179.

[43]　J. Carcpino, La Vie Quotidienne à Rome à l'Apogée de l'Empire, p. 210.

往後退，不肯往前走[44]。」

　　大象是羅馬人熟悉的動物，西元前三世紀迦太基的漢尼拔率領軍隊和二十頭大象翻越阿爾卑斯山，羅馬人看到武裝的迦太基士兵排成方陣前進，並趕著一群大象和公牛，他們嚇呆了，大象也替迦太基人取得勝利。台伯河卡佩納（Capena）地區一座墳墓內亦曾經發現一幅繪有戰象的壁畫[45]。

　　如果大象下船是一個難題，那鴕鳥下船可一點兒都不費勁，但牠們也不失風光，因為每隻鴕鳥都是由搬運工拖下船[46]。

　　根據羅馬史料顯示，有關羅馬人旅行的敘述多偏重於陸路旅行，對羅馬人而言可能更安全些，儘管他們心裡也害怕，但選擇這種交通方式的人還是很多。

[44] Pline L'Ancien, Histoire Naturelle, L VIII. 6.

[45] R. Bianchi Bandlnelli, Rome, Le Center du Pouvior, p. 25.

[46] R. Auguet, Cruauté et Civilization, Les Jeux Romains, p. 136.

第二節　商業貿易旅行

　　商業旅行在羅馬社會很常見，一般而言，旅行者包括零售商、批發商、糧食供應官員、流動商販、魔術師、江湖騙子，舞蹈演員、乞丐、牧羊人、動物護送人等。

　　羅馬的小商販必須到那些能以低價買到商品的地區，他們也是羅馬重要道路上最活潑的一群旅行者，低價購買商品轉手後又以高價出售，這就是典型的商業活動[47]。

　　當然最大的商業交易是批發商與糧食供應官達成的，一旦交易談成，他們就免了所有的商業活動，由批發商和行政官員們起作用。例如阿諾納（Annone）即是提供給羅馬城居民基本糧食的組織機構，它是批發商與行政官僚的結合，也就是所謂的官商勾結行當，它們供應的糧食，包括大量的小麥、油以及肉類等[48]。

　　從羅馬的經濟結構上來看這一組織，已經讓人推測到這些糧食隊伍的重要性，帝國的初期，義大利的農業不能滿足羅馬城的需求，需仰賴「阿諾納」的糧食供應商從各地運送糧食到羅馬。帝國境內的道路也因為這些商人的往返而活絡[49]。

　　奧古斯都有鑑於此，在西元前二十二年創立一個糧食供應監督的機構。他把這機構分成三個部門，即軍隊糧食供應處、貧民救濟處、糧食配給處，這個機構的龐大開銷皆由奧古斯都負責。

　　羅馬各級政府一直為羅馬和軍隊的糧食供應所困擾，它們必須保證定期的糧食供應，因而必須有一個專門機構負責與各行省間協調[50]。從生產

---

[47] Tacite, Ann, LXIII XXV.
[48] Idem.
[49] J. Hatzfeld, Les Trafiquants Italiens dans l'Orient Hellénistique, p. 195.
[50] A. Aymard, J. Auboyer, Rome et son Empire, Histoire Générale des Civilisations, p. 285 .

糧食的行省開始，一直到食物的發運，都有一個非常重要的組織來負責這項特別的任務。因此，在羅馬的道路上也可以看到這群人不斷來回穿梭於途中的景象。

軍隊有一個專門機構負責糧食的供給，羅馬帝國的軍隊人數超過三十五萬人，駐紮在山區和行省內，軍隊的糧食供應部門將糧食存入倉儲，再統一分送到部隊，各部隊負責再將糧食分配到羅馬各個軍團，這些過程仍是以軍隊為主要的供給對象[51]。

這種糧食供應是士兵軍餉的一部分，糧食的數量和士兵的職務大小成正比。士兵可以獲得一定數量的津貼，同時也繼續得到麵包、肉類、油、醋、布匹衣服、飼料、木材等配給。羅馬帝國要維持這麼龐大的軍隊，每年平均需六萬斗糧食（斗≒約公制九升）。

羅馬還有公共食堂無償配給貧民，西元二世紀時羅馬貧民的數量大約二十萬人，早在共和末期，羅馬的無業遊民和貧民人口由於奴隸的解放，使得農業遭受破壞，各種娛樂活動也吸引許多貧民湧進羅馬城[52]。也使羅馬社會變成一個「掠奪者」的社會。

龐培和凱撒之所以免費供應糧食給羅馬貧民，主要是因為內戰之故，內戰使農村的人口流向城市，亦使農業危機相繼產生。龐培與凱撒發放糧食給貧民，往後卻成為一種慣例。因此在帝國初期，繼任的皇帝還是沿襲前任皇帝的錯誤政策[53]。因為一旦取消發放糧食的政策，帝國將面臨立刻的風險。

西元前二世紀時羅馬人還是瞧不起商人，他們認為商人所做的買賣都是骯髒的事情。法律甚至明文規定元老院議員不能從事有利可圖的商業活

---

[51] Idem p. 292.

[52] Idem p. 167.

[53] B. D'Orgeval, L'Empereur Hadrien, p. 275.

動。西塞羅認為：如果商人不欺騙人，就可能賺不到錢。社會上普遍地歧視商人，其實還是在於道德的問題。羅馬人財富的觀念是土地，只有土地這樣的不動產才是財富的象徵，因而元老院議員、行政官員、貴族、富有的人莫不以土地（大莊園）為其根本，莊園裡有上千的奴隸從事農務工作[54]。但從商的誘惑太大，像守舊之士加圖等，最後也紛紛下海經商，他們已經認識到金錢的力量。

西元前二世紀，隨著軍隊出征希臘、小亞細亞、敘利亞的商人，利用軍團士兵掠奪的財物（戰利品），以低價購進後再拿到義大利轉賣，轉手之間獲得很高的利潤。地中海上的貿易非常繁榮，隨後不久義大利羅馬商人開始激增，並控制整個地中海上的貿易，但這種情勢到了帝國時期有所改變，因為義大利人突然變得保守起來，由於君主政體讓羅馬人不再關注經濟問題，義大利本土的工商業也漸漸喪失活力[55]。與此同時，外省地區的羅馬人也乘機大舉把產品傾銷到義大利，義大利也缺乏進取的商人，外省商人充斥在羅馬的街頭上，實際上他們控制義大利商業的主要部分。

這些商人的主要收益來自東地中海地區，希臘人是經商高手。東地中海地區通行的語言是希臘文，希臘人也以海員著名，他們很早以前即已遷移到地中海沿岸地區，他們的船隻從東方帶來絲綢，在敘利亞加工，從敘利亞沿岸或埃及亞歷山大港轉運到義大利的奧斯蒂亞港[56]。再運往羅馬各地銷售。

其實希臘人天生是很好的水手和商人，一來一往的貨物買賣讓希臘人獲利不小，因而更培養出他們冒險的精神，《厄立特里亞海航行記》的作者即是希臘人，一些古代地理的著作也多為希臘人所寫，因此希臘人探

---

[54]　Juvenal, Sat. III. 62.

[55]　Pline L'Ancien, op.cit., XII 29.

[56]　Martial, Epig, VIII, 33, 15.

索遙遠東方的中國主要是商業誘因。顯而易見，周圍的敘利亞人在經商方面也不遑多讓，尤其巴爾米拉人在中亞交通史上扮演很重要的角色，無論陸路或海路交通都經營地有聲有色，他們的經商天賦高於同時期其他各民族，無論中國的絲綢、印度的香料都控制在他們手裡[57]。巴爾米拉人扮演的中間角色，讓東西方貿易維持很長一段時間，直到波斯薩珊王朝崛起，這種壟斷的生意才被打破。

這些商人當中最令人敬佩的是猶太人，他們精於計算，對各種買賣貿易的生意更是超人一等，羅馬帝國時期的勢力遍布整個地中海地區，古羅馬人說：「**只要有人居住的地方，就會有猶太人[58]。**」可見猶太人遍布帝國每一個角落。

那麼猶太人經手的那些生意跟東方有關係嗎？據史料記載，西元二世紀巴勒斯坦的猶太人曾經營印染紫紅色布坊，貝魯特此時是絲綢的運輸中心，由此推測中國的絲綢必然也由他們經手轉銷到各地。絲綢從加工到銷售的通路全都由猶太人包辦，猶太人在埃及的亞歷山大城已經壟斷所有奢侈品和絲綢買賣。

[57] Pline L'Ancien, op.cit., VI, 70.
[58] Ovide, Métamorphose, VI, 70.

第三節　糧食供應商

　　城市的糧食供應責任歸於糧食供應監督部門，糧食供應部門與批發商和其他業者合作，在帝國境內形成一個人與商品頻繁流動的關係[59]。

　　批發商有其商業網路，城市內也有許許多多經銷商，產品在城市內的銷售更是暢通無阻，各行省總督利用私人特權關係與商人勾結，利用尼羅河上的船隻、北非的公路馬車[60]，使貨物的運輸保證能夠一路順暢。

　　船主們準備船隻的帆纜索具，船的貨艙也都填滿貨物，貨船到達義大利的港口後，商品就交給糧食供應部門，這個部門需要例行地到各行省港口執行任務[61]。檢驗員則檢查從各行省運到奧斯蒂亞港（Ostie）的小麥數量，船上的貨物通常由碼頭工人負責卸貨，工人們背負一袋袋的貨物，或者用肩扛雙耳尖底甕，有時他們也會用類似中國人使用的扁擔挑東西，羅馬人的扁擔是一根棍子，用它穿過甕的把手[62]。

　　從小麥運抵到港口的同時，一大批碼頭工人忙於搬運這些貴重貨物，直到小麥都被運送到麵包房的倉庫，他們的工作才告結束。小麥的數量通常非常大，相關工作人員的人數當然也和小麥巨額的數字成正比[63]。

　　凱撒時期由阿非利加行省供應羅馬城的小麥，也就是非洲的努米底亞王國，它向羅馬提供八十四萬石小麥。尼祿時期阿非利加行省所提供的小麥數量超過這個數字的十倍[64]。從西元一世紀開始，羅馬帝國即向阿非利加行省要求每年三分之二的糧食供應。

　　埃及也是羅馬的重要糧食供應地，它的小麥每年可供給羅馬食用四個

[59] P. Salama, Les Voies Romaines de l'Afrique du Nord, p. 43.

[60] Idem.

[61] J. Rouge, Recherches sur l'Rrganisation du Commerce Maritime, p. 160.

[62] Idem.

[63] Idem.

[64] G. Charles-Picard, op.cit., p. 69.

月，其餘八個月則由阿非利加行省負責[65]。而尼羅河谷的開發亦極受到羅馬重視，尼羅河各河口設施也都非常完善，主要是為了方便貨物進出與裝載，河面上的船隻通常由政府租用，為的是國家糧食供應之需[66]。

西元二世紀末，成立一支專門保證阿非利加行省糧食運輸的常設艦隊，糧食運輸被部分官員控制，但並不影響批發商的商業活動，他們繼續僱用許多人從事護送、計算、監查、搬運貨物等工作，羅馬帝國的和平也保證了這些貴重物品的安全性[67]。

批發商則把他們帶來的產品銷售出去。羅馬作家尤維納利（Juvenal）曾有這樣的描述：「**看那些滿是商船的港口和海面，那是因為利益在迷惑這些商船的主人們。他們的船隊在愛琴海上航行，即使遇到洶湧的波濤，仍然不能擋住他們貪欲之心[68]。**」實際上，羅馬人由於貿易往來而遊遍世界各地，羅馬人的足跡跨越歐、亞、非三洲不足為奇[69]。此外，義大利商人在馬拉巴爾海濱（Malabar）和坎貝灣（Khambhat）都設有商行的分號。

這些地區的商品經過批發商挑選之後就運到羅馬，義大利的港口充滿貨物，大批貨物隨之湧向羅馬城[70]。例如義大利的蔬菜水果和葡萄酒、阿非利加行省和埃及的小麥、西班牙的食用油、高盧的毛織品、貝提克的醃貨、綠洲行省的椰棗等全都出現在羅馬的市集上[71]。

羅馬作家特利瑪爾西翁（Trimalcion）用富於異國情調的菜餚款待朋

[65] J. Carcopino, op.cit., p. 32.
[66] A. Aymard, J. Auboyer, op.cit., p. 291.
[67] Juvénal, sat, XIV, p. 275.
[68] Pline L'Ancien, op.cit., VI 26.
[69] Idem.
[70] J. Carcopino, op.cit., p. 212.
[71] Pétrone, Le Satiricon, XXXI.

友，如大馬士革的李子[72]、非洲的無花果[73]、西班牙的葡萄酒[74]，他也喜歡雅典的蜂蜜，以致於命人將希臘的蜂箱弄到義大利來，他的蘑菇是來自印度的進口蘑菇柄[75]。羅馬上層社會喜歡用奢侈品，商人爲了迎合他們口味到處尋找奢侈品，當然旅行也因而增多了。另一作家阿普列回憶起家具的奢華道：「……**一張閃閃發光的印度象牙床，梳妝的講究及華麗的服裝、首飾，以及讓頭髮芳香的阿拉伯香精[76]。**」富人家裡這樣的奢侈品觸目皆是，爲了滿足羅馬人對奢侈品的需求，商人尋找「……**金子，它們在首飾周圍和衣服上閃光，衣服的料子有刺繡品及織物……[77]**」。

藝術品也是羅馬人貿易和旅行的目標，商人蒐集俄弗拉諾爾（Efulanuar）以及波里克華特（Porecwaiter）雕刻的雕像[78]，也蒐集科林斯的青銅製品。

羅馬不僅是消費中心，也是進口材料的永久建築工地，如大理石來自托斯卡尼、希臘、努米底亞等地。西元二世紀時，商人絡繹不絕地到世界各地做生意。但這標示羅馬的義大利地區與東方經貿關係結束，儘管羅馬還是能夠從東方獲得奢侈品，卻不再由羅馬批發商提供，主要換成了敘利亞商人[79]。

我們無法找到這一時期商人旅行的情況，但一些文學資料卻也提供商人旅行動機的例子。羅馬作家阿普列道：「……**我來自於埃因，主要是為此地客棧的老闆們做埃加的蜂蜜、乾酪和其他這類食品的買賣，我跑遍帖**

---

[72] Idem, XXXIV.

[73] Idem, XXXV.

[74] Idem, LXVI.

[75] Idem.

[76] Apulées, Les Métamorphoses, TII XIV.

[77] Idem.

[78] Juvenal, Sat, III, 217.

[79] Idem.

撒利亞、埃托利亞各地，得知在帖撒利亞的首要城市伊帕特有味道好、價錢便宜的乾酪。我即刻前往並全部買下，然而我卻失望而歸，因為那些乾酪已在前一天都被一個大商人全部買走了……[80]。」

「……早晨，給我背上沉重的蔬菜後，主人照舊把我帶到臨近城市，他把自己的商品交給販子，然後，他騎到我的背上，就從那兒回到他的花園……[81]。」上述以驢子為第一人稱描述。羅馬零售商最頻繁往來的只在很短的距離內進行，那就是到市場去，像驢子一樣的往返[82]。

羅馬作家佩特羅尼就經常陪他的主人到市集買東西，他道：「**羅馬人也有所謂的『市集日』，市集上聚集許多農民、批發商、流動商販及一般商人和購物的人[83]。**」這些熱鬧市集邊有另一批人靠表演雜技維生，街頭賣藝者從一個城市走到另一個城市，靠公眾的慷慨施捨維生[84]。

羅馬作家老普林尼曾記載這些街頭賣藝人的表演情況，他說他們靠一隻手抓住四輪馬車……[85]。這些人與流動的藝人為鄰，如普羅特（Prot）的家庭在西元三世紀初期是一個「街頭藝人」家庭，他們跑遍帝國境內各個村莊，他們表演一種受到希臘喜劇影響的通俗鬧劇[86]。也有加代斯的女舞蹈演員在市集邊偷偷表演色情舞蹈，東方女樂師更以輕佻的演出吸引逛街看熱鬧的人[87]。

星象學家、算命先生遊走於各村落之間，吸引許多村民求卜問神指引未來的方向，當他們將整個村子輕信的居民利用盡了，就離開轉到另一個

---

[80] Apulées, Les Métamorphoses, TI LI V.
[81] Idem.
[82] Idem.
[83] Pétrone, Le Satiricon, XII.
[84] J. Andreau, Pompéi, Enchéres, Foires et Marches, p. 109.
[85] Pline L'Ancien, op.cit., LVII XX, p. 82.
[86] Idem.
[87] Apulées, Les Métamorphoses, TI LIV.

村子施展他們的才能，一些女巫師也在羅馬各城市間遊走，她們以愛西斯神和其他來自東方神祇的祭儀為招牌[88]。

這些流動的卜卦者中最危險的是「流動祭司」或「乞丐祭司」[89]。他們為害甚烈，命令人們獻祭品，禁絕一些菜餚，施行魔法，這種魔法又讓人深信不疑[90]。魔術師們從來就不到海路上冒險，因為「……**他們認為人們向海裡吐痰或將排洩物流入海裡是玷汙大海，是不吉利的[91]。**」

占卜者、魔術師、巫師等在羅馬的顯貴家族有一定的影響力，如尼祿皇帝受到亞美尼亞國王梯里達底（Tridate）的影響，梯里達底就是尼祿的宗教祭司。

但知識份子也有其跟隨者：「……**在希臘東部巡迴演講的學者在每個城市尋求新的公眾和聲望，例如斯塔蓬、迪奧多雷斯、哈利卡、德尼斯都到各地去演說並獲得許多支持者，同時也得到一定的名望[92]。**」

他們是屬於一群最慎重的旅行者，這些人絕對不與他人一同擠在帝國大道上，而是走山裡的小路，那些由牲畜踩出的路，牧羊人將牲畜趕在前面，肩上扛著小方鑵，手裡拿長長尖尖的牧羊棍子指引旅行者的方向[93]。羅馬作家維吉爾所寫的牧歌和農事詩其靈感就是來自於山區裡牧羊人。

羅馬的富人通常都擁有大量的葡萄園和小麥田，當然也擁有大量的牲畜，並從中獲得可觀的收入。牧羊人冬天把羊群趕到卡拉布里亞（Calabria）地區的牧場，夏天就到魯卡尼亞（Rucania）地區的山上，有時在山裡一待就是整整一個月。當時的凱撒也喜歡這樣的生活情景，他經常多

---

[88] Daremberg, Saglio, Pottier, Dictionnaire des Antiquités Grecques, p. 234.

[89] Idem.

[90] R. Allier, Magie et Religion, p. 300.

[91] Idem.

[92] A. Aymard et J. Auboyer, op.cit., p. 428.

[93] Idem.

次沿著山裡小路行走，有時每天早晚都要到山林裡走一趟[94]。因此元老院不願意交給凱撒更高的職務。

羅馬作家阿普列也曾描寫利比亞的牧羊人，他們因放牧牲畜而疲憊不堪，就在一個舒適的地方定居，放棄漂泊的生活[95]。但也有一些牲畜，如**「……一些鵝……從布洛幼涅地區和北海之濱步行到羅馬，疲憊的鵝被趕到前頭，其他的鵝則推著牠們往前走，這群牲畜就這樣靠著這種相互依偎的本能，從遠方行走到目的地[96]。」**這可謂一群奇特的旅行者！

羅馬人最喜愛的娛樂活動是競技比賽，因此也產生野獸的運輸，皇帝們也很關心這些野獸的運送是否便利。

狂熱的演出是一般大城市常見的活動，去競技場看競技的人很多，為這個目的而旅行的人也很頻繁，例如卡瑞卡拉皇帝在西西里興建宏偉的大劇場，另外在高盧的里昂地區也設有各種比賽的場所，吸引大批人到這些城市[97]。

由於捕捉野獸是一項高盈利的工作，除了大象之外還有豹、熊、河馬、獅子、蛇等動物被捕獲之後送往義大利，途中的運輸工作也使道路活躍起來，並增加旅途中的樂趣[98]。

然而運輸這些動物，事先要有一整套組織系統，首先需解除動物因環境改變和旅途勞頓所產生的疲勞[99]。這些動物運到羅馬城之前，通常都會先運到羅馬城附近的阿爾德（Alder）保護區內，至於大象在義大利的普羅勒斯（Pouzzoles）下船後，即經由河路運到同一個保護區，其他動物

---

[94] P. Grimal, Cicéron, p. 11.

[95] Apulées, op.cit., L VIII, p. 23.

[96] Pline L'Ancien, op.cit., LX, XXII, p. 53.

[97] Idem.

[98] P. Veyne, Le Pain et le Cirque, p. 696.

[99] Suétone, Vies des Douze Césars, LIV, p. 92.

則被運到羅萊圖姆（Luolaitumu）[100]。這都在一大批專門人員監護之下進行。

　　由於這種持續幾個世紀有系統的捕獵，從四世紀起這些野獸便逐漸減少。因而動物的生態也被迫改變，例如將河馬逐入努比亞，把獅子趕到美索不達米亞，老虎被趕到希爾卡尼亞（Hillkania），大象在北非則徹底消失了[101]。

　　羅馬的商人透過和印度、中國的貿易獲得的利潤非常可觀，由於物以稀爲貴的心理，再加上印度的香料和中國的絲綢品質確實很優良。老普林尼對胡椒有下列一段記述：「**人們現在喜愛以胡椒做爲佐料，但胡椒的樣子實在不怎麼樣，它沒有一點點水果的樣貌，我們所用的香料味道極好，但胡椒實在讓我不敢領教，它太嗆鼻了。這樣的玩意，我們還得老遠的從印度把它運來，誰把它當作一種烹飪用的佐料呢[102]？**」當然這種白色或黑色顆粒的胡椒，最後也成爲羅馬人愛用的香料，由於價錢很好，從印度運來的胡椒亦充斥在羅馬的大街上，這是讓老普林尼訝異的原因。

　　從中國運往羅馬的絲綢更讓羅馬人愛不釋手，絲綢的價值甚至可以與黃金等值，羅馬人在購買絲綢上花了大筆的金錢，絲綢成爲羅馬人趕時髦的必備品，但價錢昂貴非一般人買得起。普林尼計算過，每年印度和羅馬的貿易金額即高達五千五百萬塞斯特（Sesterces）。印度、中國和阿拉伯從羅馬帝國賺取的金錢也高達一億塞斯特，它相當於一百萬英銀幣[103]。這個數目表面上確實很大，但眞實情況並非如此，因此老普林尼警告，羅馬帝國耗費龐大，帝國的財政將入不敷出，距離羅馬滅亡的時間也屈指可數。

[100] R. Auguet, Cruauté et Civilization: Les Jeux Romains, p.92.

[101] J. Carcopino, op.cit., p. 276.

[102] Pline L'Ancien, op.cit., XII 63.

[103] Idem.

　　但老普林尼忽略了羅馬對中國和印度的出口，從老普林尼的數據中我們可以知道，如果當時絲綢貿易都以黃金做為支付，那麼羅馬從中國運來的絲綢不算太多。換句話說，這裡應該還存在一種以貨易貨的交易方式，從羅馬出口到中國的一些貨物清單中證實，雙方平衡的貿易關係[104]。諸如玻璃（茶杯、瓶子、玻璃珠、五彩玻璃杯等）、地毯、皮氈、珍貴的石頭、藥品、檀香木等，中國上自達官貴人，下至一般尋常百姓莫不搶購這些商品，因此老普林尼的亡國說法，確實有點危言聳聽。

　　但老普林尼做為帝國一名財政官員，對帝國的財政應該非常清楚，若單引一個數據是不夠的，然而他的目的不是反對和東方的貿易關係，而是愛國思想的一種表現，他說：「**現在，我們對先人製造的產品都不重視，雖然他們的工藝品具有優秀的技藝，也很有生命力，具有無限的價值，然而我們卻都忽略它的存在[105]。**」

　　實際上，老普林尼對商人千辛萬苦跋山涉水貿易，反而給予極高的評價，他說：「**羅馬帝國的強大與和平，促使世界各國人民能夠進一步的互相交流，這就好比人的身體，需給予不同的養分，這種交流是互惠、有益的，不同的民族互相友好也使商業貿易暢通無阻[106]。**」

　　此外，塔西佗對於和東方的貿易也有看法：「**我確實有一個想法，我們應該禁止鋪張浪費，禁止將大筆金錢花在購買外國貨……。羅馬人似乎被眼前經濟衰退震懾住，羅馬人在其發展上向前跨出一大步，卻是被綁住的沉重步伐，且深陷在泥沼裡不能自拔[107]。**」

　　西元前二世紀中葉，羅馬人確實到達中國，當然這個「羅馬人」的定義是指包含歐、亞、非三洲的羅馬帝國，來到中國的羅馬人則是帝國東方

---

[104] Idem X XX VII 17.

[105] Idem VI, 162.

[106] Pline L'Ancien, op.cit., VI, 163.

[107] Tacite, Ann Carnier-Flammarion, Paris, p. 60.

行省的商人。這一次旅行對羅馬人而言是空前壯舉，他們沒有半途而廢，也沒有委託其他東方國家的商人完成這次旅行。完成這樣一段冒險之旅需要很大的勇氣，人們對陌生土地的無知，處處都充滿潛在的危機[108]。但或許經商的報酬實在很高，商人也只好大膽一試。自此以後，前仆後繼絡繹不絕的羅馬商人到中國做起貿易買賣。

　　從古代文獻資料可知，這樣的長途旅行除了耗時之外，最重要的是每一個路段和路程都要掌握清楚，如沙漠中的驛站、各城市之間的旅店，無論陸路、海路都有前人走過的痕跡，循著前人的腳步而行，對旅途而言也是一種安全的保障[109]。也只有旅途平安才能帶回東方的香料、香水、絲織品、衣料等商品。

　　羅馬是世界之都，但並不孤立於世界，它的版圖遼闊，各省的糧食水果都運送到奧斯蒂亞港，羅馬城在西元一世紀時已經是世界人口最多的城市（一百二十萬人），西元一世紀到二世紀的羅馬和平，除了歸功於強大的國防武力外，其中羅馬商人也是關鍵，因爲他們確保羅馬的繁榮富庶[110]。羅馬商隊一批又一批出發，隨之帶回更多東方的貨品，此時的羅馬也早已是國際化的城市了。

---

[108] Pline L'Ancien, op.cit., X XX VII 17.
[109] Idem XII, 63.
[110] Idem LX XXII, p. 53.

第九章　休閒旅行活動

第一節　度假之旅行

共和時期羅馬城和現在的紐約、巴黎一樣，人口主要來自外省，一些著名的人物如加圖、馬略、西塞羅等，原籍都不在羅馬，義大利廣大的鄉村才是他們的故鄉，我們很難判斷是否這些出身於農村的人比較優秀，但不可否認的，當時羅馬執政官都是來自偏遠地區的能臣，或許因為農村生活困苦，養成這些人堅忍不拔的精神[1]。第二次布匿戰爭之後，加圖幾乎主導羅馬的政局，在他的意志下，羅馬終於滅了迦太基。

即然這些大人物都有自己的故鄉，他們熱愛家鄉也是必然之事，尤其當他們的故鄉離羅馬城不遠，公務繁忙之餘，他們皆以返鄉度假為首選，鄉下地方的湖光山色，自然成為這些政客文人的寫作題材。

共和時期羅馬有名的詩人曾描寫他的美麗家鄉，奴隸起義軍的首領斯巴達克斯更無時無刻不想念他的家鄉色雷斯，當然他也認為故鄉最美麗，起義的目的就是要回到故鄉，由此可見，羅馬人的故鄉都在鄉村地區。卡頓魯斯（Cartonreuws）在返鄉途中寫下一首詩：「**西羅密，閃爍的半島，如眼睛般明亮，湖光山色，海角天涯，島嶼星羅棋布。海神波賽頓，又再次相見，內心充滿無限歡愉[2]。**」

這首詩表達他對大自然的喜愛，其實他的家鄉猶如一首兒歌：「**我家門前有小河，後面有山坡……。**」曼圖瓦（Mantua）是他的出生地，有山丘、平原、小河，也是他孩提時讀書的地方，風光明媚的家鄉讓他格外地想念，想要避開城市的吵嚷喧囂，因此喜歡到鄉村度假。有一陣子卡頓魯斯身體不好，羅馬也不是久留之地，因此回到故鄉，常常漫步鄉間小道，他凝視湖中優游的天鵝、河濱田園阡陌、籬笆農舍、青青山崗、潺

---

[1]　Horace, Satires, IV.
[2]　Pline Le Jeune, Lettres, VI XX VIII 1.

潺流水，好不自在[3]，詩詞裡多半寫些農家樂的景色，他是羅馬的田園詩人，描寫農民生活美麗而生動，**「夕陽西下，放羊的孩子趕著羊兒回家，羊舍裡一隻母羊剛產下小羊，日正當中，熾熱的太陽迫使農夫暫停手上的農事，他們在樹蔭下乘涼，或返家休息，廚房裡飄來一陣大蒜的味道，還有香草的香味混合一起，樹梢小鳥們唱著輕快曲調，迴蕩在空中，繞樑不絕。」「一天辛勤工作之後，農夫拖著疲憊的身軀走在鄉間小路上，他們見到村子裡裊裊青煙，就要回到家了，看到妻子兒女歡愉迎候，一天的疲勞一掃而空[4]。」**

共和時期農民因穀賤傷農，常靠借貸維生，最後只得賣掉田地到城裡打工，雖然生活還算不錯，但還是懷念故鄉的田園生活。因此住在城裡的羅馬人，不分貧富，出外旅行是一年生活中最快樂時光，返鄉休憩更是墨客文人的首選。然而外省官員亦常藉著出差到羅馬旅行，政客們為了選票也常下鄉綁樁爭取選票[5]。旅行在當時已經是很平常的事，當然富人、窮人的旅行方式不同。

羅馬人最喜歡的旅遊地點是哪裡呢？夏季人們喜乘船遊台伯河，冬季則到拜亞度假，然而也因為人們酷愛度假，養成羅馬人好逸惡勞的習慣，如城裡的羅馬人可以成為貴族的被保護人，定期領取糧食，不需要工作，政府還會安排各類的娛樂供其消遣，出外旅行的人，很難再回到自己的工作崗位上，人們不願意從軍，也不願種田，過去對外征戰劫掠不少戰利品，現在可以好好享受一番了[6]。

羅馬人的夜生活尤其奢華，白天羅馬人喜歡泡湯，當夜幕低垂時，富裕的羅馬人即顯得亢奮，他們帶著情人到湖上划船，卿卿我我，女人為

[3] Idem VI. 7-13.
[4] Martial, Epigrammes, XXX 11.
[5] Pline Le Jeune, Lettres, II 17.
[6] Idem. VI 7-13.

取悅男人，通常都經過一番精心打扮，身上的香水味撲鼻而來，男人也掉入愛的泥淖。遊船也很豪華，船身精雕細琢，貴氣十足，船頭包了一層金箔，船槳還鑲上閃閃發光的珍珠，風帆上彩繪淫穢的春宮圖，船身四周高高掛著彩帶，隨風飄搖美不勝收[7]。年輕貌美的女子挽著男士的手臂妙語輕聲，一陣香味；一邊遊湖，一邊晚餐，好不快活。

拜亞灣（Baia）溫泉甚是著名，它是一處很好的休閒和療養之地，但擋不住色情行業的進駐，最後變成男人的溫柔鄉。然而還是有一些特別的浴池成為屋大維皇帝專用之療養地，據說溫泉治療法確實讓他的坐骨神經痛減輕許多，因此成為恣情縱欲的地方，同時也是療養身體之地，沿著海岸可以見到一邊是放浪形骸的人醉倒路邊，一邊是泛舟的遊客。湖濱嬉笑聲，遠處還隱約聽到樂聲，人們盡情享受，偶爾也會樂極生悲，打架滋事屢見不鮮。來此度假的人主要有受傷的軍團士兵、身體有病痛者，他們是真正來此治療疾病的一群人，其他大部分人是來嫖妓[8]。附近滿是高級的酒店、別墅，有錢人可以在酒店裡包養妓女，別墅裡也是夜夜笙歌。

古代世界七大奇景是羅馬人爭先恐後去旅行的地方。聘請導遊已是人們習以為常之事，早在共和時期，導遊這一行業就已蓬勃發展，和今天的導遊一樣，他們需安排旅行路線及風景區，待客人同意後再率隊出發。熱門景點包含希臘的德爾菲阿波羅神殿、小亞細亞的以弗所、愛琴海上的提洛島、薩摩斯島、羅得島、東地中海上的塞普路斯島、義大利的西西里島以及高盧和埃及等[9]。埃及如今還可以看到這些古代旅行者「到此一遊」的塗鴉。

羅馬皇帝中最喜歡旅遊的君主非哈德良莫屬，他跑遍歐、亞、非三

---

[7]　Idem V VI, 32-36.

[8]　Idem I IX, 2-6.

[9]　Apulées, VIII, 4-5.

洲，各地都有別墅，他是羅馬史上旅行最多地方的帝王。走路是羅馬人旅行最常見的方式，經濟較佳的人則常以騾子代步，人們的穿著除軍人外一般都身著長袍戴寬帽。馬車也是常見的交通工具，他們使用馬的胸帶，套在馬的胸前，因而不能運載太重的東西。若路途遙遠，一般旅客可以投宿旅社，但有錢人通常在各地都會有自己的別墅，所以像西塞羅、小普林尼這些旅行家，通常在前往目的地途中都會留宿自己的莊園[10]。羅馬人非常好客，如果旅行者真的找不到地方住，可以投宿在親友家裡，通常都會受到熱情的招待。

羅馬人喜歡鄉村生活，富人在自己家鄉興建別墅也形成一股風潮，它具備休閒度假與農場功能，內部的裝飾非常講究，家具不多但往往鑲嵌銅飾等精美藝術品，有圖畫、雕像、淺浮雕等。別墅所在地通常也是風景優美的地方，小普林尼曾經描繪他在托斯卡尼的別墅，「**這裡景色優美，像圓形劇場般的山丘，綠野平疇，古木參天，滿布鳥獸，由高處遠眺，景物盡收眼底，丘陵、阡陌橫田連成一片，必是滿地豐收[11]。**」

羅馬人喜歡在河流、湖泊或海濱興建別墅，西塞羅、小普林尼、塞內加等在河濱、湖畔、海邊都有私人別墅，坎帕尼亞尤其是首選。這裡是羅馬有錢人度假的地方，即使現在，坎帕尼亞的優美景色仍然沒有多大改變。小普林尼和叔叔老普林尼就是在坎帕尼亞的別墅度假時，看到維蘇威火山爆發。羅馬的有錢人也喜歡在羅馬近郊興建別墅，繁忙和勞累的一天後可以就近到別墅休息，精力恢復之後再回羅馬[12]。別墅的內部裝飾和外部花園也很講究，他們懂得充分利用陽光，窗戶皆向陽，冬天時別墅內每一個房間都會感覺到一股暖意。

---

[10] Pline Le Jeune, Lettres, I V I 6.

[11] Idem V I, XX VIII 1.

[12] Idem I V I6.

　　古羅馬留下的別墅群中，以哈德良在提佛利（Tifili）的別墅最爲有名，有浴室、臥房、書房且都向陽，客廳的天花板、地板、牆上有精美的裝飾，美侖美奂。花園鬱鬱蔥蔥，小橋、流水，美不勝收。古羅馬人的園林很重視「水」，如果沒有水就不能稱爲園林，傍水興建園林最爲適宜，否則就必須興建人工湖，園林中滿布人體雕塑藝品，人工瀑布、噴泉處處可見[13]。此外，還有禽舍專爲各類飛禽而建，除了觀賞，還可以讓主人盡情地享受野味。

　　別墅度假其實還具有一種清高的作用，偷得浮生半日閒閉門獨處，在清優的環境裡享受大自然風光，調養心靈，離開喧囂的羅馬城，富人們不自覺得輕鬆許多。身處城市時，常常爲雞毛蒜皮之事不得清閒，鄉間的別墅裡則可以盡情高歌、讀書、寫作、鍛鍊體格，不再爲瑣碎之事煩憂不已，鄉間生活成爲富人的最佳選擇，西塞羅在鄉間就有九幢別墅，他生長在鄉下地方，對農村生活也特別懷念[14]。**憶兒時，院子裡漫步的公雞爭奪食物，呱呱呱……母鴨帶小鴨，一個個撲通撲通往溪裡跳，嬉戲情景如在目前**。葡萄園、麥田、花草樹木都在他的生花妙筆下生動了起來。

　　西塞羅喜歡大海的景色，常在海邊獨處，觀察浪花拍打岸邊的岩石，有時會夥同漁民一起下海捕魚。去濱海城鎮旅遊，漫步沙灘上，這樣的生活方式是他人生最快樂之事，他

圖9-1　一幢羅馬人鄉間別墅內的馬賽克
資料來源：劉增泉攝

[13] Pline Le Jeune, Lettres, I IX 2-6.
[14] Ciceron, Correspondance, TIV CCXI.

在每一座鄉間別墅裡都設有書房，他喜歡讀書也愛寫作；有晨讀的習慣，天尚未亮就起身閱讀寫作，中午過後邀請朋友在別墅裡作客，評論時事，高談闊論[15]。他年輕時曾在雅典學習，這樣的留學經驗是羅馬上流階層的共同記憶，人們對希臘文化非常崇拜，西塞羅甚至在自家別墅裡修建了兩座希臘式健身房，以紀念在雅典的一段留學生活。

打獵是羅馬人獲取野味的最佳途逕，其中以獵殺野豬、野兔最多，但存在風險，被捕的野豬常常兇性大發，咬死獵犬和獵人的事件層出不窮，阿普列打獵時便曾遇到野豬攻擊而驚慌不已，小普

圖9-2　西塞羅在自希臘鄉間別墅內的馬賽克鑲嵌圖案
資料來源：劉增泉攝

林尼也是打獵愛好者，他的書信集裡記述了他捕獲三頭大野豬的事蹟[16]。

對於有錢人而言，鄉村是一種享受清靜生活的地方，但鄉村的窮人卻認為他們生活較艱困，兩者心情截然不同，這也算是羅馬M形社會的寫照。

---

[15] Idem TIV CCXI.
[16] Pline Le Jeune, Lettres, I V, I6.

第二節　各地美食之旅

羅馬人沉迷於娛樂，皇帝也不斷提供取樂的方式，但他們最喜歡晚宴活動。有錢人的宅第都很氣派，龐貝城裡某一幢豪宅，進門的地板上有一幅內有惡犬的馬賽克鑲嵌圖案，屋內還可以看到飯廳地板上的雞、鴨、魚、肉等馬賽克的殘屑。忙碌一天之後，上流階層的羅馬人晚餐特別豐盛，他們會邀請三五好友到家中作客，晚餐時間大約三小時左右，人們喜喝葡萄酒，遇到重大的節日慶典，晚宴時還會有樂隊歌手助興[17]。

共和時期的羅馬人若想成為政府的高級官員，最好到希臘留學，故他們嘗遍希臘美食，還把希臘貴族側躺吃飯習慣帶回羅馬，通常餐桌為圓形，長條躺椅呈匚字形[18]。希臘人喜歡用左手撐著頭，右手拿食物。

特利馬爾希翁到外地旅行時，對吃的方面就很講究，他的別墅非常高級，餐廳呈球形且會轉動，活動式的天花板隨時可以打開讓新鮮空氣進來，嘎嘎作響的天花板，緩緩降下一個圓形花盤內有許多花冠，賓客們把花冠戴在頭上，成為

圖9-3　馬賽克鑲嵌圖案，一位青年左手抬起
　　　　一盤食物
資料來源：劉增泉攝

貴族宴客的習俗，花香陣陣讓人食欲大振。佩特羅尼在諷刺詩裡有一段關於飲食的記載：**「賓客的盤子是黃道十二宮的圖案，菜肴則以黃道十二宮取名，主人送菜給客人時，盤子圖案和客人生肖要一致[19]。」**這代表主人

---

[17] Petrone, Le Satiricon, XXX V.

[18] Martial, Epigrammes, III, 82.

[19] Séneque, Lettres à Lucilius, XV 95, 15-17.

的誠意,如摩羯座是龍蝦;雙魚座是兩條鰭魚;水瓶座是天鵝;山羊座是豆子;金牛座是牛肉;巨蟹座是麵包;雙子座是牲畜的睪丸和腎臟;天秤座是天平上的托盤,一個放餡餅,另一個放糕點;處女座是母豬的陰部;獅子座是無花果;天蠍座是一條魚;射手座是鳥[20]。

以賓客的星座來配菜是經過一番研究,這可以顯示出羅馬人的個性和喜好,當然也更能顯示出主人對天文學的鑽研。在飯廳吃飯有很多禁忌,剩菜剩飯要扔到桌子底下,不能留在餐具裡帶進廚房,因為這是亡靈的食物,飯廳用餐時不能打掃,這非關衛生問題,地下的菜屑飯粒是逝者的食物,打掃對他們非常不敬[21]。中世紀時歐洲人在餐桌上吃完的骨頭都住地下丟,貓狗在桌子下鑽來鑽去啃骨頭,其實這個習慣是源自於羅馬帝國時期。

旅行時吃喝玩樂最能感覺時光飛逝,人們在異鄉嘗到美食是人生一大樂事,但想到生命不能永恆又憂傷不已,羅馬人意識到人的生命還不如葡萄酒來得長,及時行樂才不會辜負時光,美女、澡堂泡湯、葡萄酒更是羅馬人成功的指標[22]。

舊約聖經以賽亞書指示:「**不能讓冒煙的燈火熄滅[23]**。」羅馬人似乎也繼承這種習俗,認為火代表活著的人,火熄滅人也亡了。餐廳就是家園的象徵,餐廳的燈火也意味著光照家園,餐桌也象徵大地,餐桌上的食物也象徵豐盈的萬物,因而餐桌上一定要有食物。

隨著羅馬向外擴張征服,各地的飲食紛紛傳入羅馬,旅行者到外省地區總會嘗到當地美食,尤其行省地區的烹飪和飲食習慣與義大利完全不同,無論公務員出差、軍團出征、貴族出遊、文人墨客遠行,他們確定會

---

[20] Martial, Epigrammes, III, 82.
[21] Petrone, Le Satiricon, 49.
[22] Idem 40.
[23] La Bible Isaïe, 42,3.

接觸到各地美食，如貴族出身的特利馬爾希翁，家裡的餐桌上就有牧羊人常吃的小麥粥，過去羅馬貴族總認為這是窮人家的食物，但出外旅行時嘗到美味的小麥粥，卻成為羅馬人的日常食物[24]。

羅馬人的主食分為蔬菜和肉類，前者包括豆類、小麥、各類水果，後者有羊肉、魚、野味等。烹調方式有清蒸、油炸、燒烤，每道食物都色、香、味俱全[25]。從敘利亞進口的香料種類繁多，說明羅馬人的烹飪技術相當好，他們似乎特別偏愛吃甜的食物，或許和羅馬人喜歡軟一點的食物有關。

比較特殊的是，他們竟然喜歡吃醃過的鹹魚，羅馬人吃鹹魚則為了使口味重些。更特殊一點的是，此時羅馬人的烹飪方法喜歡在調味料方面反其道而行，例如烹煮肉類時，除了鹽巴之外還要加蜂蜜以中和味道[26]。

一般農民的早餐是麵包和油橄欖，中午則是奶酪、水果、蔬菜，晚餐一樣，但偶爾會有肉類。因此粥和蔬菜成為羅馬人的日常食物，通常肉類在節日才會出現在餐桌上，農民可能一輩子都不會離開自己的家鄉，因此不可能嘗到各行省的美味，但當兵的農民則不然，他們有時被派到北非、中東、埃及、不列顛、高盧等地，當地的烹煮方式也著實讓他們大開眼界，因此羅馬的烹飪除了傳統的方式外，也綜合了各民族的烹飪技巧，許多人也喜歡吃上述各地區的菜[27]。

共和晚期人們已開始製作麵包，但還不知道使用發酵粉，當然也不怎麼好吃。帝國時期，麵包的種類很多，有黑麵包、白麵包，甚至還出現如今天我們常吃的牛奶麵包和油炸麵包。

羅馬有錢人除了蔬果外更喜歡肉類，他們在烹飪技巧上也特別重視。

---

[24] Ancien Cato, Agriculture, 94.

[25] Martial, Epigrammes, III 82.

[26] Idem III 83.

[27] Idem III 82.

肉類不喜歡切成大塊，最好剁成碎肉、肉泥，做成香腸食用，肉餡可以做成各式各樣的好菜佳肴，這是羅馬人的最愛[28]。

羅馬人旅行到希臘和波斯之後，也把當地飲食習慣帶回來，飼養家禽（母雞和小雞）變成他們餐桌上常見的食物，此外他們也喜歡吃外省地區的特殊食物，例如鵝肉、鵝肝等。第三次布匿戰爭後，羅馬人喜歡上迦太基人的珍禽美食[29]。最受羅馬人喜愛的佳肴首推牡蠣、干貝之類的海鮮，烹飪技術方面的鑽研更使得海鮮大餐遠近馳名。

後人找到一份古代羅馬人上等菜「烤乳豬」的食譜，首先剔除小豬身上的骨頭，豬皮用來包裹碎肉和經過處理的椰棗、菱莖、蝸牛，再加上煮熟的芹菜、椰菜、甜菜、韭蔥、錦葵，再把已經搗碎攪合過的松子、胡椒醃魚、香菜、胡椒和十五顆雞蛋一起放入，縫合豬皮後再過油，然後置入烤箱烘烤[30]。

人們也喜歡嘗試新的食材，如駱駝掌、夜鶯舌、孔雀舌也成為上等菜色，葡萄酒更是宴會中不可缺少的飲料。如同現代人喝的藥酒一般，羅馬人習慣上會在酒裡添加蜂蜜或玫瑰汁、胡椒等。正式的宴會食物分為開胃菜、主菜、甜點三個部分，飯前開胃菜以冷盤為主，包含海膽、牡蠣、錦蛤、雞肉、野豬肉、鳥肉、骨螺等[31]；主菜是豬頭、豬胸、雞、鴨、魚、野兔肉等；甜點則為奶油糕點、餅乾等。

高級宴會中同時有餘興節目，由於賓主盡歡，都喝得酩酊大醉，表演盡是情色淫穢低俗的節目，男歡女唱，擲骰子比酒量，但宴會總能在歡樂的氣氛中結束。文人墨客的宴會比較樸實，小菜幾道，喝點小酒，談論時事、文學、哲學，隨興就好。

---

[28] Idem.
[29] Idem.
[30] Petrone, Le Satiricon, 40.
[31] Idem.

　　大舉征服之後，羅馬人奢華風氣愈來愈盛，尤其是義大利，大吃大喝的習慣四處瀰漫，政府三申五令要求不得過分鋪張浪費，但效果有限[32]。蘇拉推行食品價格政策，迫使一些高價食品無人問津，社會奢靡之風才緩和，但隨著蘇拉隱退，浪費鋪張的飲食習慣又死灰復燃。

　　共和時期上層社會競相學習希臘語或哲學、文學的時尚，現在被烹飪學校取代，高級廚師身價百倍，廚師成為專門職業，富有人家會有專用廚師，安東尼因為廚師手藝好，竟然贈送一幢房子給他。羅馬的美食家到處尋覓美食，即使傾家蕩產也在所不惜，塞內加對此有詳細的描述：「**人們因為肚子餓才找食物，然而各式各樣的香料調味品也的確刺激了人們的食欲。餓了吃下加上佐料的食物而感到滿腹飽足，但腸胃也加重了負荷，疾病也隨之而來[33]。**」暴飲暴食確實容易招來疾病和肥胖，但不是每個美食家都如此，美食家也確實有許多本事，只要他品嘗過荼肴，即可說出產地，為了展示魚的新鮮度，廚師在餐桌上現宰現煮[34]。

　　提比略皇帝曾收到一條大魚，後來在市場上出售，當時即被天下第一大廚阿匹烏斯（Appius）以五千銀幣買下，只要是珍貴海產，他聽聞之後必定親往購買，他甚至遠赴非洲只為了購買一隻大龍蝦[35]。當然美食需要烹飪高手，可是產地也至關重要，如高盧、伊比利亞的火腿非常有名，北非盛產蝸牛，南部義大利的塔倫特則以牡蠣聞名。

　　美食除了享口福之外，它還是一種文化，因此羅馬人宴客時，都盡心盡力辦好。小氣的主人宴客時多半以普通的食材烹煮，客人吃下之後也對主人的誠意心知肚明。無論如何，羅馬人對美食極為痴迷，富人也好，窮人也好，泡過澡後就要享受一頓美食，此乃人生一大樂事。

---

[32] Idem.

[33] Séneque. Lettres à Lucilius, XV, 95, 15-17.

[34] Petrone, Le Satiricon, 40.

[35] Idem.

第三節　情色之旅

「食色性也」，孔老夫子早在兩千多年前即已道出古今中外對食對色的看法，羅馬人在外旅行總愛尋花問柳一番，外省人到了羅馬城也會逛逛妓院。情人就像蜂蜜一般的甘甜，婚姻的基礎在愛情，賢妻良母對先生是絕對的忠誠，先生卻可以在外「偷腥」[36]。道德規範對妻子有效，可管不了特種行業的女人。

佳圖（Caton）是共和時期的監察官，他對豪華的服飾、首飾都課以重稅，堅持與敗壞的社會風氣抗爭，甚至某位元老院議員當著兒女面前親吻妻子也被他糾正，然而他卻在妻子往生之後和友人的女兒發生關係，最後還娶了這個年輕女孩[37]。老夫少妻是合法的，它並不構成通姦要件，因為佳圖把她娶進門。

如果一個年輕人到妓院裡嫖妓，他是不道德的嗎？事實上，嫖妓反而受到這些衛道之士讚美，因為他沒有勾引良家婦女。賣淫和青年嫖妓在羅馬是一件正常的事情，相反地，要求未婚青年自我節制反而是違背常情[38]。如果老師和女學生之間發生不倫之戀，那麼事情就很嚴重，這是喪風敗俗行為，兩人都會被處死。

那麼通姦的定義是什麼？它是男女有別的，男人偷情乃是天經地義，女人則天理不容，何以差別如此之大呢？因為男人是付出者而女人是接收者，因而男人的血液不會有被玷汙的問題，因此男人包養女人也被允許，法律制定的一夫一妻也徒託空言[39]。

共和初期羅馬是一個父權至上的社會，女性完全處於被支配的地位，

---

36 Juvénal, Satires, VI, 451.
37 Tite Live, Histoire Romain, 34, 2.
38 Ovide, Amour.
39 Ciceron, Correspondance, 6V.

因此在道德上才有雙重標準，但到了共和末期，道德觀念發生變化，女性開始顯示出獨立的一面，無視強加的各種束縛，證明自己有獲得幸福的權力，並全力追求自己的幸福[40]。

因此，女人並不是永遠沒有自我，隨著道德觀念的改變，女人紅杏出牆，先生也不會到處張揚丟自己的面子，這種轉變開始於第二次布匿戰爭之後，凱旋而歸的軍團帶回大量戰利品，佳圖針對許多人將外國奢華風氣引進羅馬大為不滿，但效果有限，人們花錢買漂亮的奴隸，羅馬人耽溺於聲色犬馬之中[41]。也喪失了道德觀念。

當時羅馬婦女看到新的情勢，隱藏內心深處的虛榮心開始作祟，她們追求名利和感官方面的享受。有些婦女努力學習新知，她們在舞蹈、音樂、演唱、詩歌等方面亦充分展現才能，喀提林的情婦森普羅尼婭即是如此，她出身名門，非常漂亮，婚姻美滿，子女孝順。她才藝出眾，精通希臘文、拉丁文，會彈豎琴，舞姿優美，但貞操觀、道德觀非常淡薄，可以說毫不重視，她常主動找男人求愛、做偽證，還涉及謀殺案件，也曾因為貧窮而跌入深淵[42]。儘管如此，她卻才華洋溢，充滿魅力，多少男人還是被她迷得神魂顛倒。

龐貝城的廢墟裡處處留有男歡女愛的塗鴉，有不堪入目的穢語，有高頌愛情萬歲的情詩，想交友的年輕人可以在大理石壁上寫徵友啟事，或到神廟裡祈禱維納斯保佑以覓得良緣。一面牆上的塗鴉：「**怎麼一回事啊？可惡的情敵還沒死！**」「**愛情萬歲！**」「**愛情騙子去死吧！**」「**我輕摟著你的脖子，親吻妳那櫻桃小嘴。**」[43]這些生動的文字述說現代義大利人對

[40] Horace, Satires, I. 2.
[41] Ovide, Amour.
[42] Salluste, Catilina Conspiration, 25.
[43] Michael Grant et Mulas Antonia, Érotisme à Pompéi, La Collection d'Art Érotique du Musée de Naples, New York: Stewart, Tabori & Chang, 1997. p. 12.

女人的熱情是有跡可尋的。

羅馬的「愛情專家」首推奧維德，他因為寫《愛情》一書被視為離經叛道之徒，被屋大維流放，屋大維為了提升羅馬的風氣，以奧維德做為警惕的工具，但《愛情》不過是記載羅馬人對愛情所發生的案例罷了，奧維德專門揭露男女之間不可告人之事[44]。以現在的角度來看，他是古代最偉大的愛情專欄作家，他對愛情往往理論大於經驗。

《愛情》到底談些什麼呢？茲引用一段文字：「**她也許同意，但你的看法卻恰恰相反。男人喜歡婚外情，女人則是悶騷，內心深處也渴望有新的戀情。男人把愛情寫在臉上，女人把愛情隱藏在心裡。男人一定要欲擒故縱，這樣女人才會上勾**[45]。」這是一本教你如何交女朋友的書，也是交友指南，目前坊間不也有這類書嗎？

下一段：「**女人通常比男人更加矜持，男人需主動熱情地追求，自然就會打動女人的芳心。然而，男人的各方面條件都非常好，那麼或許他會希望成為女人愛慕的對象。男人需對女人說甜言蜜語，但不是花言巧語，男人需主動向女人示愛，即使露骨也無所謂。女人問你會娶我嗎？你應該毫不猶豫回答，是的！我願意娶妳**[46]。」

奧維德如果身處今天的社會，可能會像佛洛依德一樣受人敬重，但他的時代卻把他視為色情狂，他無非是教年輕人對自己有信心，只問耕耘不問收穫，女人當然渴望有人追求。

其實賀拉斯很明白地說過，勾引良家婦女還不如找青樓女子，前者包裹長袍的代價太高，後者著薄紗一眼看穿，錢要花在刀口上，要「物」超所值。除了住在妓院裡的妓女，外省地區的麵包店、飯館、旅店等，都有

---

[44] Ovid, Tristia2.431ff.

[45] Ovide, Amour.

[46] Idem.

僱用女性提供特別的服務[47]。軍人在外服役不能攜家帶眷，一般而言，他們都在這種地方解決生理需求。

賣淫是羅馬人黑暗的一面，但是屬於合法，政府不會干預的理由是女性人口比男性少百分之十七，結果男性根本無從結婚，當然只能求助妓女了，至少他們沒有強姦良家婦女[48]。

卡瑞卡拉皇帝曾對妓女徵稅，因為羅馬的人口激增到一百二十萬人，外省單身青年、士兵、水手、自由民、奴隸、商人等都是消費者[49]。這些來羅馬旅遊的人也會出高價和妓女睡覺，說明妓女這行是高所得者。

奧維德在《愛情》這本著作裡曾寫道：「**要找處女只有不求愛。**」普洛佩斯在他的《哀歌》裡也有類似的說法：「**在這笑貧不笑娼的社會裡誰還會問，她是如何發財的？誰會拿錢給她？給多少？但是，羅馬啊！如果只有單獨一個女人向下沉淪，那麼你還真有福氣呢[50]！**」

羅馬帝國時期，婦女道德敗壞愈來愈嚴重，塞納克說：「**妳還有妳的靈魂，至少妳沒有隨波逐流，因為妳不像多數婦女那麼淫蕩[51]。**」男女喜歡肌膚之親無可厚非，不過是肉體的碰觸，滿足性的衝動，高級妓女是羅馬上層階級的最愛，她們是這些公子哥們心目中女神。

普魯塔克（Plaute）在《象鼻蟲》（Charançon）中寫道：「**如果你是一個巨富，那麼你可以購買任何你所需要的東西，只要你不去打擾良家婦女，你愛怎樣就怎樣。**」羅馬人的觀念裡，妓女是一件商品，當然可以隨便購買。西塞羅則反對年輕人嫖妓，認為它不道德，老年人嫖妓則成為人們茶餘飯後的笑談[52]。

---

[47] Horace, Satires, I. 2.
[48] Idem.
[49] Idem.
[50] Idem.
[51] Séneca, Controversia 1.2.
[52] Plaute, Charançon, 33-38.

　　妓女會在繁華的街道上出現，競技場上、劇場裡、神殿的周圍街區，到處可見到妓女，羅馬當局並沒有對妓女做任何的限制[53]。龐貝城遺跡裡仍能看到昔日妓女生活的情形，小房間牆上一幅幅春宮圖，一張床和簡單的家具陳設，門口邊還豎立一個牌子說明妓女的專長和費用，當然這裡的花費和高級妓女相比便宜許多。

　　龐貝城的富人宴會，常常邀請舞女歌女表演，她們搔首弄姿，嫵媚動人，富人的這種玩樂方式稱為高雅的娛樂，窮人嫖妓則是敗壞道德的可恥行為。妓女和生活放蕩的女人很難區分，職業妓女需要到各省市政府登記，但不包括女演員、吹長笛和舞蹈歌唱者[54]。這些人通常來自羅馬各行省。

　　妓院老闆叫老鴇，妓女的來源以奴隸居多，性奴隸買賣是很賺錢的行業，馬提雅爾（Martial）的《銘辭集》（Epigrammes）記載：「**一個缺點很多的女奴在拍賣市場上待價而沽，但乏人問津，拍賣者為了促銷產品並保證產品的性能，對她又吻、又撫摸，結果還是沒人要[55]。**」

　　羅馬法律對妓女也充滿歧視，它規定元老院議員、男性自由民不能娶妓女及其女兒，但嫖客卻可以成為羅馬公民[56]。奇怪的是，妓女的穿著也有別於一般婦女，她們需穿男人的托加做為外套，或許這樣比較容易招攬生意吧！

　　只要有妓女一定會有市場，這是特別的行業，羅馬帝國的疆域內，賣淫活動到處都存在，外省居民來到羅馬會去敘比爾（Sybill）花街閒逛，羅馬人到了外地也同樣會去找娛樂，對於旅行者而言，嫖妓或許不是其目

[53] Antonio Varone, Érotisme à Pompéi, Getty Trust Publications, J. Paul Getty Museum, 2001. p. 17.

[54] Michael Grant et Mulas Antonia, Érotisme à Pompéi, La Collection d'Art Érotique du Musée de Naples, New York: Stewart, Tabori & Chang, 1997. p. 15.

[55] Martial, Epigrammes, III, 82.

[56] Langlands, Sexual Morality, p. 30.

的，但在踏上孤獨的旅途之後，有一個女人相伴也未嘗不是一大樂事[57]。羅馬人的格言：女人、洗澡、葡萄酒乃人生三大樂事，顯然女人被放在第一位，由此可知她的重要性了。

---

[57] John Clarke, Le Sexe Romaine, 100 av JC à 250, New York: Harry N. Abrams, 2003. p. 27.

第十章　結論

　　羅馬從義大利半島上的拉丁姆平原，到帝國初期擴張到歐、亞、非三洲的疆域。人口從早期的義大利奧特人到伊特拉斯坎人，進而擴展到地中海四周的居民都變爲羅馬公民，其主要的「原動力」應該是交通網路的便捷所致。

　　而羅馬道路的興建其主要用途在於軍團便於行軍，但隨著疆域拓展，道路的修建還有傳遞中央旨令和經貿作用。西元一世紀到二世紀初期，是羅馬帝國最顛峰時期，帝國的公路四通八達，羅馬軍團所向無敵，羅馬人安居樂業，他們可以遨遊帝國的各個行省，因爲國家有能力保障他們的人身安全。曾幾何時，這種美景不在，旅行成爲了一種冒險活動，拉丁語不再行遍天下，隨著西羅馬帝國的滅亡，歐洲進入黑暗時代，所有的旅行經貿活動都停滯了，歐洲文明一直在倒退，高盧不再出口任何的產品，希臘和敘利亞商人很少再將橄欖油和紙莎草紙從埃及帶到馬賽或將珍貴的布匹從拜占庭帶到高盧境內，主要的交通道路也得不到維護，富人們只願意在鄉下生活，在城市方面，除了那些有教堂或修院的城市之外，大部分的城市人口都極度銳減。

　　羅馬帝國史，其實是一部「經濟侵略史」，它掠奪來的資源投資在港口、道路、船泊、車輛的基礎設施上，此也促進了帝國的擴張，對於財政而言也起了相當的作用。

　　羅馬在土木工程技術上已經到了成熟階段，此時人們已經懂得製造混凝土（水泥），也會製造磚塊，因而帝國時期的大型建設都是在這些技術條件下才得以完成。帝國有便捷的公路網。它以義大利羅馬爲中心，放射狀般延伸到帝國的每一個角落，而帝國軍隊也負起了維修道路的責任，羅馬公路網的形成，許多時候也正是配合軍隊的向外征討而完成。軍隊也負責修路、排乾沼澤，建造橋樑等工作。

　　此外，羅馬已經擁有相當清楚的里程標誌，從北非的路碑到馬泰的路碑，乃至於熱內斯特路碑，我們皆可以了解它的指標作用。而地圖的提供

更增加旅行者的方便。波叮噶地圖說明了羅馬在非洲行省公路長達兩萬公里，如果沒有地圖，無數旅行者的車輛又何以奔馳在道路上？

誠然我們現在還可以看到羅馬帝國時期所留存下來的古蹟，但最為人所稱道的莫過於羅馬大道，如今歐洲許多公路或高速公路皆因循古羅馬舊有的道路，古羅馬時期開鑿通過山坡的隧道，至今仍在使用。羅馬的阿匹安大道有道路的皇后之稱，現今遊客還可以行走在這條大道上，平坦的底部鋪以泥灰或沙，並夯實。上面一層是拳頭大小的石塊，用混凝土與下面一層黏牢。在此之上，再鋪設碎石或粗沙摻以泥灰，用滾壓機壓平，最後，再鋪石塊完成大道。由此可見羅馬人對實用科學的重視，阿匹安大道更是這些精心鋪砌道路之最。

古羅馬的交通工具和拿破崙時期（十九世紀初）並無多大改變。諸如：公共馬車、四輪馬車、四輪運貨馬車、雙輪馬車等，除此之外，還有牛車、騾車、驢車，或者步行、騎著騾子、騎著驢子。讓人訝異的是，它還有如同今天的計程車的交通工具，這種馬車裝置有許多的小石子，每到一段距離就會掉到下方的集石袋，只要計算石子的數目即可以知道其所跑的里程有多遠。

帝國時期地中海已經屬於內海，海洋文化對羅馬的影響頗深，「海」又有了新的重要性。長期以來，海上旅行既艱辛又危險，但航海技術的改善也使愈來愈多的人喜歡海上旅行。沿海和深海都有船隻航行。沿海航行時，舵手需借助岸邊的助航標誌。深海航行通常是屬於長距離的航線，因此需求助天文學方面的技術。而港口的良好設施亦可以接納來往船隻的停泊。好的季節許多旅行者會乘船去希臘、高盧，或去更遠的地方。一甕甕、一船船沉重的酒和油從義大利啓航，義大利的港口又進口來自非洲的麥子或西班牙的金屬。這仍是屬於地中海的海域，它是羅馬最為繁忙的海域，但值得一提的是西元一世紀航海者所留下來的一本航海日誌，這次航行到達了印度洋、暹羅等地。很顯然地羅馬人的航行可以到達今天的泰

國，而羅馬人的海上航行技術也由此可見一斑。而這本書後來也成為這個海域商人隨身攜帶的手冊。

最有利的海上航行季節是五月到十月，這是因為秋、冬季節氣候惡劣的關係，即使今天也是如此。然而海上航行的禁忌卻和現今不同，例如：在船上的人皆不得剪指甲或剪頭髮，犯過失的人必須處死。如果人們所託帶的信件裡有褻瀆神明的字眼，那將是一個凶兆。但羅馬人卻不忌諱在餐桌上魚的翻轉吃法，臺灣的航海人相信這會導致沉船。

海上旅行最怕的是惡劣的天氣，尤其古羅馬船隻噸位都很小，海象不佳時，巨浪一陣又一陣拍打船體，迫使船身劇烈上下、左右的搖擺，旅客痛苦萬分，此時人們開始暈船、噁心、恐懼，他們寧可跳進海裡也不願在船上活受罪，這種情境唯有真正暈船的人，才能體會箇中的辛苦。

旅行仍然是一種冒險。羅馬人行前需仔細地準備，並有許多同伴結隊同行。陸地旅行仍然是不很舒適的，但許多人寧願做陸地旅行，因為海上的旅行有被海盜和風暴「侵襲」的危險。走熟悉的路或許讓陸路旅行的人較具安全感，有錢的人旅行通常都會有前呼後擁的僕役跟隨著，在旅途上辛苦但也顯得熱鬧，然而並不表示人多勢必安全，如果遇到帶武器成群結隊的逃兵、強盜、逃脫的奴隸也只有自求多福了。

讓旅行者倍受困擾的是馬匹的失竊，馬是古代機動的交通工具，羅馬人在旅行途中又何以會丟失馬匹呢？原因是「馬」具有很高的利潤，殺頭的生意還是有人做，更何況這是無本生意，偷竊者，從甲地驛站偷來的馬匹賣到乙地，再從乙地驛站將偷來的馬匹賣到甲地，沒有馬匹之後的旅行者倍感不便，因而必須重新購買馬匹，但往往這些旅行者又成為偷來馬匹的買主，故看好馬匹是旅行者的要務。

軍團的行軍應當是安全的，但落單的軍團將領出外旅行亦未必安全，「百人隊隊長」，霍比斯圖斯（Robustus）在上任途中，突然人間蒸發，至今仍是一件懸案，然而這樣的情事發生，並不代表古羅馬人的旅行活動

都不安全，即使現在人們的旅行也不能說一定安全，因為太多的突發事件還是讓人難以掌握。

儘管有這些不便，陸路和海路的交通仍很繁忙。帝國為求發展因而創造了有利於旅行的條件，人與貨物的良好運行也確保了帝國的生活品質。

羅馬受希臘文化影響甚深，各種公共建築及神廟常見希臘風格，富人們採取了希臘的習慣側臥著吃飯，當他們見識到希臘人建築之後，富裕的羅馬人即模仿希臘人家居布局，中庭為前廳，中堂是會客室，每個房間朝向一個四周圍有柱廊的花壇，這些房子被稱為皮瑞斯提勒（Peristyle）（內柱廊式的院子）。

與希臘的宗教接觸之後，羅馬宗教即失去了它自己的特點。羅馬神與希臘神變得很相似：朱庇特與宙斯，馬爾斯（Mars）與阿瑞斯（Arés），朱諾（Janon）與希拉（Hera），維納斯與阿佛洛蒂特（Aphrodite）；人們賦予他們同樣的面孔與同樣的冒險行徑。早期有教養的羅馬人即對希臘文化發生了興趣，西元前一世紀，馬其頓、敘利亞和希臘相繼被羅馬征服之後，泛希臘文化即滲透到羅馬的上層社會，從那時起，學習希臘語成為一種時髦。年輕人選擇去雅典或羅德島或馬賽住上一年以學習好希臘文。

羅馬人出於好奇對希臘及東方文明產生了一種迷戀，一種「趕時髦的心態」深藏在每個人的身上。他們喜歡到希臘遊學，此乃為了提升其文化的品質。因此文化之旅充分滿足了羅馬人的好奇心。他們對古代希臘所留下的文化遺產無不珍貴視之。大批的朝聖者紛紛去奧林匹亞宙斯神殿敬拜，他們的足跡遍布德爾菲（Delphes）等各地區的希臘神殿裡。

羅馬軍人似乎是這群旅行者的主力，他們對於公路的修建和維修投下許多心力。當士兵們移防或出征時，絡繹不絕的人潮在羅馬大道上，任職於外省的官員也頻繁來往於羅馬與任職所在地，商人們更不斷地在帝國境內與境外往來穿梭找尋生意。許多外省羅馬公民，也因為帝國的強大與榮耀而旅行，只要是羅馬公民，就可以在羅馬法律的保護下走遍各省。

　　在共和時期，行省居民大都受到嚴重的剝削；在帝國時期，他們得到保護，皇帝們懲戒貪官汙吏。當行省代表們聚集在行省首府舉行祭祀羅馬諸神的儀式時，他們可以陳述冤情，而皇帝也會愼重聆聽。爲了各行省的發展，歷任羅馬皇帝莫不在各地興建許多公共工程，許多依據羅馬形式所興建的城市代替了原先的小村莊，引水渠道常被修建得宏偉壯觀，水道也給行省居民帶來必要的日常用水，羅馬大道其所修建的水平更令人驚嘆不已。羅馬大道遍布帝國各地，道路兩旁有界碑、驛站和旅館。而和平也促進了商業發展和人員的往來，羅馬海上陸上交通網路密布，這亦促使羅馬帝國商業交流更爲頻繁。

　　各行省的人民由於與羅馬人相互交往而深受羅馬文化的影響，許多城市採取了義大利的行政措施，即設立市元老院以協助行政官進行統治。在帝國的所有地區中，高盧是羅馬化最深的地方，在羅馬人帶領下，高盧人開發森林，修建道路，隨處都有與義大利媲美的城市。

　　在北非地區，也就是現今的突尼斯、阿爾及利亞、摩洛哥全部地區，由於羅馬人的到來，使北非發展大有進步，他們挖井掘塘、修建堤壩和引水道。西元二世紀時期，羅馬有一支大約兩萬七千人的軍團駐守在這裡。在東方的小亞細亞、敘利亞、埃及，這些地區非常富饒，盛產小麥、水果、油料、葡萄酒和礦產。埃及與印度，敘利亞與中國之間都有貿易往來。

　　埃及的船隻通過紅海、到達印度洋，並利用夏季季風到達印度。船隻帶去黃金、白銀、錫、鉛、彩色玻璃球、琥珀、珊瑚、葡萄酒、華麗的布匹，有時隨船的還有音樂家、舞蹈家及雜技演員，然而船隻也給埃及帶回胡椒、寶石、珍珠和象牙。

　　在陸地上，安提阿（Antioche）的敘利亞人即開始與中國有貿易往來，沙漠商隊從西向東穿越波斯到達中國的新疆，在那裡，有一處著名的貿易地點叫彼得城樓（Tour de Pierre），當時敘利亞人用其商品交換中國

商人帶去的絲綢和生絲。

羅馬人除了積極在地中海沿岸拉丁語地區從事商業活動。進一步,他們又在希臘語東部省分把當地的產品運回羅馬,以求最高的利潤,在邊界之外的日耳曼蠻族地區亦有羅馬商人活躍其間。自由經商與厚利,更使得這些商人直接到商品產地去尋找羅馬所需要的商品。

羅馬人的旅行,無論是出於公務、商務還是休閒的動機,這些都帶來大規模的人員交流及藝術與知識的傳播,使得這個時代在許多方面接近於我們的時代。

參考書目

一、希臘和拉丁文獻

Ancien Cato, Agriculture, Latin Text Translation, New York, 1975.

Apulées, Les Métamorphoses Ou L Ane D Or, Collection Budé, Texte Établi Par D. S. Valette, Paris: 1971.

Aulu-Gelle, Les Nuits Attiques, 2 V. Collection Budé. Texte Traduit Par R. Marache, Paris: Les Belles Lettres, 1978.

Cesar, La Guerre Civile, Traduction Nouvelle Établie et Annotée Par Gérard Walter, Paris: Gallimard, 1968.

Ciceron, Correspondance, Collection Budé, Texte Établi et Traduit Par L. A. Constans, Paris :1967.

Ciceron, de La République, des Lois, Garnier-Flammarion, Traduction, Notices et Notes Par CH. Appuhn, Paris: 1967.

Ciceron, De La Veillesse, De L Amitié, des Devoirs. Carnier-Flammarion, Traduction, Notices et Notes Par CH. Appuhn, Paris: 1967.

Frontin, Les Aqueducs De Rome, Collection Budé. Texte Établi et Commenté Par P. Grimal, 2ème Édition, Paris: 1961.

Herodote, Histoires, Melpomène, Collection Budé, 3ème Édition. Texte Établi et Traduit Par Ph. E. Legrand, Paris: 1960.

Homere, L Odyssee, Garnier-Frères, Traduction de Mme Dacier, Paris: 1962.

Horace, Odes, Chant Séculaire, Epodes, Horace, Satires, Epitres, Art Poétique, Garnier-Flammarion. Traduction, Introduction et Notes Par François Richard, Paris: 1967.

Juvenal, Satires, Collection Budé, Texte Établi et Traduit Par Pierre de Labriolle et François Villeneuve, Paris: 1974.

Langlands, Sexual Morality, Paris: 1958.

Lettres Croisées de Jérôme et Augustin, Traduites, Présentées et Annotées par Carole Fry, Éditions Migne et Belles Lettres, 2010.

Lucien de Samosate, Oeuvres Complètes, Garnier Fréres, Traduction Nouvelle Avec Notices et Notes Par Emile Chambry, Paris: 1970.

Marc-Aurele, Pensèes, Suivi du Manuel de Epictéte et du Tableau de Cébès, Paris: Garnier, 1961.

Martial, Epigrammes 2 V, Collection Budé, Texte Établi et Traduit Par H. J. Izaac, Paris: 1961.

Ovide, Métamorphose, Garnier-Flammarion, Traduction, Introduction et Notes Par Ch. Chamonard, Paris: 1966.

Ovide, Tristes, Collection Budé Texte Établi et Traduit Par Jacques Andre, Paris: 1968.

Petrone, Satiricon, Collection Budé, Texte Établi et Traduit Par Alfred Ernout, Paris: 1974.

Philostrate, Apollonios de Tyane, Texte Présenté, Traduit et Annoté Par P. Grimal, Paris: Gallimard, 1958.

Pline Le Ancien, Histoire Naturelle 15 V. lus. Collection Budé, Paris: 1958.

Pline Le Jeune, Lettres, Panégyrique de Trajan 4 V, Collection Budé, Paris: 1960.

Plutarque, Les Vies Des Homes Illustres. (La Pléiade), Gallimard. Traduction J. Amiot, Paris: 1951.

Rutilius Namatianus, Sur Son Retour, Collection Budé Texte Établi et Traduit Par J. Vessereau et F. Prechac, 2ème Edition, Paris: 1961.

Séneque, Lettres à Lucilius, 7 V. Collection Budé, Texte Établi et Yraduit Par H. Izaac, Paris: 1969.

Salluste, Catilina Conspiration, Paris: Les Bells Lettres, 2003.

Stace, Silves, Collection Budé, Texte Traduit Par H. Frere et H. Izaac, Paris: 1971.

Stace, Achilléide, Collection Budé, Texte Établi et Traduit Par J. Meheust, Paris: 1971.

Strabon, Géographie, Collection Budé, Texte Établi et Traduit Par F. Lasserre, Paris : 1967.

Suétone, Vies des Douze Césars 3 V. Collection Budé, Traduit Par H. Ailloud, Paris: 1967.

Tacite, Annales, Garnier-Flammarion, Traduction Après Burnouf Par H. Bornecque. Paris: 1965.

Tite-Live, Histoires Romaines, Historiens de La République, Gallimard Traduction Nouvelle Établie et Annotée Par G. Walter, Paris: 1968.

Virgile, Le Enéide, Garnier-Flammarion, Traduction, Chronologie, Introduction, Chronologie, Introductions et Notes Par M. RAT, Paris: 1967.

Virgile, Les Bucoliques, Les Géorgiques, Garnier-Flammarion. Traduction, Chronologie, Introductions et Notes Par M. RAT, Paris:1967.

二、專書

A. Aymard, J. Auboyer, Rome et Son Empire, Histoire Générale des Civilizations. Paris: PUF, 1967.

A. Piganiol, Atlas Histoire, Paris: PUF, 1955.

A. Grenier, Essai de Reconstitution du Réseau Routier Gallo-Romain, Paris: Albin Michel, 1969.

Ammien Marcellin, (Trad, Désiré Nisard), Histoire Romaine, 1860.

A. Chastagnol, Le Bas-Emrire, Paris: Armand Colin, 1991.

A. Eugene, L Empire Romain, Paris: Alcan, 1929.

A. Frova, L Arte Di Roma e Del Momano Turin: 1961.

A. Giovannini, Le Sel et La Fortune De Rome, Dans Athenaeum, Paris: PUF, 1985.

A. J. Toynbee, Hannibals Legacy, London: Oxford University, 1965.

A. Grenier, Le Génie Romain dans La Religion, Paris: Albin Michel, 1969.

A. Garzetti, Limpero da Tibero Agli Antonini Bologne, Roma: 1959.

A. Piganio, L' Empire Chrétien, Paris: PUF, 1972.

A. Piganio, La Conquête Romaine, Paris: PUF, 1967.

Antonio Varone, Érotisme à Pompéi, Getty Trust Publications: J. Paul Getty Museum, 2001.

B. Christophe, La Noblesse de L Empire Romain. Les Masques et La Vertu, Paris: Champ Vallon, 2005.

Boissier, Gaston, La Religion Romaine D Auguste Aux Antonins, Paris: PUF, 1909.

Brosses, Lettre Familiéres sur l' Italie, Paris: Didier, 1858.

B. Combet-Farnoux, Les Querres Puniques, Paris: PUF, 1960.

B. D. Orgeval, L' Empereur Hadrien, Oeuvre Législative Administrative, Paris: PUF, 1950.

Boulnois L., La Route de La Soie, Geneve: Press Geneve, 1986.

Breaugh Martin, L' Expérience Plébéienne, Une Histoire Discontinue de La Liberté Politique, éd. Paris: Payot & Rivages, 2007.

Brown, Peter Rousselle, Aline et Veyne, Paul, Genèse De l Antiquité Tardive, Paris: Gallimard, 2001.

Beaurdeley C., Sur les Roudes de La Soie, Paris: Seuil, 1985.

Byrd, Robert, The Senate Of The Roman Republic, (en) Lightning Source, Harvard University Press, 1995.

B. Martin, l Expérience Plébéienne. Une Histoire Discontinue de La Liberté Politique, Paris: Payot Rivages, 2007.

C. Lepelley, L'Empire Romain et le Christianisme, Paris: Flammarion, 1969.

Christol Michel, Nony Daniel, des Origines de Rome Aux Invasions Barbares, Paris: Hachette, 1974.

C. Mazaheri A., La Route de La Soie, Paris: Fayard, 1983.

Carcopino, La Vie Quotidienne à Rome à L'Apogée De L Empire, Paris: Hachette, 1957.

CDT. Lefebvre des Noettes, L'Attelage, Le Cheval de Selle à L Apogée de L Empire, Paris: Hachette, 1939.

C. Nicolet, Rome et La Conquête du Monde Méditertanéen, PUF, 1979.

Denys d' Halicarnasse, Antiquités Romaines, Harvard University Press, 1937.

Dion Cassius, Histoire Romaine, Paris: Didot, 1864.

Daremberg, Saglio, Pottier, Dictionnaire des Antiquités Grecques et Latines, Paris: PUF, 1970.

D. Gorce, Les Voyages, L Hospitalité et Le Port des Lettres Dans Le Monde Chrétien des IVéme et Véme Siècle, Paris: Picard, 1925.

Dominique, Briquel, La Prise de Rome Par Les Gaulois, Paris: PUPS, 2008.

D'Orgeval, L'Empereur Hadrien, Oeuvre Legislative et Administrative, Paris: Bouquins, 1975.

E. Gjerstad, Early Rome, London: Gleerup, 1960.

Émile Grapin, Histoire Ecclésiastidue, Paris: LAPEF, 1911.

Eutrope, Abrégé de L Histoire Romaine, Paris, Bouquins, 1865.

E. Albertini, L'Empire Romain, Paris: Fayard, 1970.

E. Bailey, The Legacy Of Rome, Oxford University Press, 1940.

Edward Gibbon, Histoire Déclin et de La Chute de L Empire, Paris, Bouquins, 1984.

Florus, Abrégé de L Histoire Romaine, Paris: 1840.

F. Hurlet, A. D. Gagey, Art Province Rome, Paris: PUF, 2005.

F. De Martino, Storia Della Constituzione Romana, Naples: 1958.

G. Charles-Picard, La Civilisation de L Afrique Romaine, Paris: PUF, 1959.

G. Charles-Picard, Hannibal, Paris: PUF, 1967.

G. Pierre, La Civilisation Romaine, Paris: Flammarion, 1960.

G. Pierre, L Empire Romain, Paris: Fallois, 1985.

G. Picard, Le Monde de Carthage, Paris: B. H. Warmington, 1956.

G. Bloch, La Republique Romaine Les Confits Politiques et Sociaux, Paris: Flammarion, 1925.

G. Charles-Picard, La Civilisation de L Afrique Romaine, Civilisation Hier et Aujourd hui, Paris: Plon, 1959.

G. Charles-Pierre, L Empire Romain, Paris: Fallois, 1993.

G. Dumezil, La Religion Archaique Romaine, Paris: Fallois, 1974.

G. Marasco, I Viaggi Nella Grecia Antica, Edizionidel L Atenea et Bizzarri. Roma, Paris: Hachette,1978.

G. W. B. Huntingford, The Periplus of the Erythrean sea, London: The Hakluyt Society, 1980.

H. G. Pelaum, Essai Sur Le Cursus Publcus Sou Le Haut-Empire Romain, Paris: Fallois, 1973.

H. Georges, Guide Romain Antique Paris: Hachette, 1964.

H. Pavis D Escurac, La Préfecture de L Annone, Service Administratif Impérial D Auguste à Constantin, Rome: 1976.

H. P. Eydoux, Monument et Trésors de La Gaule Paris: Hachette, 1958.

Heurgon Jacques, Rome et La Méditerranée Occidentale Jusque Aux Querres Puniques, Paris: PUF, 1969.

Hinard François, République Romaine, Paris: PUF, 2000.

H. Kahler, Rome et Son Empire, Paris: Bouquins, 1963.

H. G. Wells, The Outline Of History, Paris: Bouquins, 1916.

John Clarke, Le Sexe Romaine: 100 av JC à 250, New York: Harry N. Abrams, 2003.

J. Desanges, Recherches Sur L Activité des Méditerranéens Aux Confins de L Afrique, Paris: PUF, 2000.

J. Beaujeu, La Religion Romaine à L Apogée de L Empire, Paris: Les Belles Lettres, 1955.

J. Gage, Les Classes Sociales dans l Empire Romain, Paris: Fayard, 1964.

J. Carcopino, Virgile et Les Origines de Ostie, Paris: Fayard, 1968.

J. Carcopino, Les Étaps de L Impérilalisme Romain, Paris: Hachette, 1961.

J. Carcopino, La Vie Quotidienne à Rome à L Apogée de L Empire, Paris: Hachette, Gagé, 1939.

J. G. Demerliac, J. Meirat, Hannon et L Empire Punique, Paris: Les Belles Lettres, 1983.

J. M. Andre, A. Hus, L Histoire à Rome, Paris: PUF, 1974.

J. M. Andre, Le Siècle de Auguste, Paris: PUF, 1974.

J. Heurgon, Rome et la Méditerranée Occidentale Jusqu'aux Querres Punidue, Paris: PUF, 1969.

J. Hatzfeld, Les Trafiquants Italiens Dans L'Orient Hellénistique, Paris: Boccard, 1919.

J. Harmand, l Armée et Le Soldat à Rome de 107 à 50 av Notre ére. Paris: Boccard, 1967.

J. Le Gall, Alésia, Archeology et Histoire, Paris: Fayard, 1963.

J. Le Gall, La Religion Romaine de L'Époque de Caton L Ancien Au Règne De L Empereur Commode, Paris: PUF, 1975.

J. Le Gall, Le Tibre, Fleuve de Rome dans L Antiqué, Paris: PUF, 1952.

J. Le Gall, Le Tibre, Fleuve de Rome Dans L Antiquité, Paris: Hachette, 1952.

J. Vogt, The Decline Of Rome, London: Routledge, 1967.

J. W. Thompson, Economic And Social History of The Middle Age, New York: St. Martin, 1959.

J. H. Robinson, New History, Columbia University Press, 1916.

J. Beranger, Les Empereurs de Espagne du Principat et Hadrien, Paris: Complexe, 1965.

J. Beranger, La Notion du Principat Sous Trajan et Hadrien, Les Empereurs Romains de Espagne, Introduction, A. Paris: Piganiol, CNRS, 1965.

J. Gaudemet, Institutions de L Antiquité, Paris: Gallimard, 1967.

J. G. Demerliac, Hannon et L Empire Punique, Paris: Flammarion, 1983.

J. R. Duncan, The Economy of The Roman Empire, Cambridge University Press, 1982.

J. Charbonneaux, L Art Au Siècle d'Auguste, Lausanne: 1948.

J. Bayet, Littérature Latine, Paris, Fayard, 1980.

J. Oliver Thomson, A History of Ancient Geography, Cambridge: 1948.

J. P. Drege, La Route de la Soie, Paris: Marabout, 1986.

J. P. Martin, La Rome Ancienne, Paris: PUF, 1973.

J. Rouge, La Marine dans l Antiquité, Paris: PUF, 1975.

J. V. G. Mills, Cambridge University Press, Translated from the Chinese text edited by Feng Chen
   jun. with Mao Kun Chart, Bangkok: White Lotus Press, 1997.

Le Nouveau Testament, Actes des Apôtres.

Lançon, Bertrand, L Antiquité Tardive, Paris: PUF, 1997.

L. Bohec, Histoire Romaine, Paris: PUF, 1991.

Le Bohec, Yann, Le Glay, Marcel et Voisin, Jean-Louis, Histoire Romaine, Paris: PUF, 1991.

Le Glay, Marcel, Rome, Grandeur et Déclin de La République, Perrin, Paris: Armand Colin, 1990.

L. Homo, Les Institutions Politiques Romaines, Paris: Bouquins, 1950.

L. Casson, Travel In The Ancient World, The Johns Hopkins University Press, 1994.

L. Casson, Ships and Seamanship in the Ancient World. The Johns Hopkins University Press, 1994.

Laurence, Ray, The Roads of Roman Italy: mobility and Cultural Change Routedge, 1999.

Lintott, Andrew, The Constitution Of The Roman Republic, Oxford University Press, 1999.

Malet et Isaac, Rome et le Moyen âge, Paris: Marabout, 1988.

M. Benabou, Rome et La Police Des Mer Au 1er Siècle Avant J. C., Tunis: 1986.

Mazaheri A., La Rout de La Soie, Paris: Fayard, 1983.

M. Grant et J. Hazel, Who s Who De La Mythologie, Les Dieox, Les Hèros, Les Légendes,
   Traduction Etienne Leyris, Paris: Segers, 1975.

Michael Grant et Mulas Antonia, Eros à Pompéi: La Collection d Art Érotique du Musée de Naples.
   New York: Stewart, Tabori & Chang, 1997.

Marrou, Henri-Irénée, Histoire de L Éducation Dans L Antiquité, Paris: Seuil,1948.

M. Cébeillac-Gervasoni, « La Royauté et La République », Histoire Romaine, Paris: Fayard, 2006.

Mermeix, Histoire Romaine, Paris: Fayard, 1935.

M. Clavel, P. Lévéque, Villes et Structures Urbaines dans l Occident Romain, Paris: Armand Colin,
   1970.

M. H. Irénée, Histoire de L Education Dans L Antiquité, Paris: Seuil, 1948.

M. Le Glay Villes, Temples et Sanctuaires de l Orient Romain, Paris: Sedès, 1986.

M. Meslin, Le Christianisme dans L Empire Romain, Paris: Seuil, 1970.

M. Meslin, Pour Une Science des Religions, Paris: Seuil, 1973.

Michael Grant et Mulas Antonia, Eros à Pompéi: La Collection d Art Érotique du Musée de Naples. New York: Stewart, Tabori & Chang, 1997.

Mommsen Theodor, (Trad. Charles Alfred Alexandre), Histoire De La Rome Antique, Paris: 1863-1872.

Mommsen Theodor, (Trad. Paul Frédéric Girard), Le Droit Public Romain, Paris: 1871-1892.

M. Ramaaud, L Art de La Déformation Historique dans Les Commentaires des César, Paris: 1968.

M. Simon, Le Judaisme et Le Christianisme Antique, Paris: PUF, «Nouvelle Clio», 2006.

M. Guarducci, Les Empereurs Romains D Espagne, La Religion de Adriano, Paris: PUF, 1979.

M. Grimaud, G. Walter, Hannibal, Paris: Hachette, 1970.

Nicolet, Claude, Rome et La Conquête Du Monde Méditerranéen, 264-27 av. J-C, Paris: PUF, 2001.

N. Lewis, Life In Egypt Under Roman Rule, Oxford University Press, 1974.

P. Veyne, L'Empire Gréco-Romain, Paris: Seuil, 2005.

P. A. Brunt, Conflits Sociaux en République Romaine, Paris: 1979.

P. Charlesworth, Les Routes et Le Traffic Commercial dans L Empire, Paris: 1938.

P. Petit, Précis d' Histoine Ancieen, Paris: PUF, 1986.

P. Petit, Histoire Générale de L Empire Romain, Paris: Seuil, 1974.

P. Petit, La Paix Romaine, Paris: PUF, 1982.

P. Grimal, Cicéron Paris: Arthéme Fayard, 1986.

P. Grimal, La Civilisation Romaine, Paris: Arthéme Fayard, 1960.

P. Grimal, Le Siècle des Scipions, Paris: Seuil, 1975.

P. Grimal, Les Villes Romaines, Paris: Fayard, 1954.

P. Grimal, L Empire Romain, Paris: Fayard, 1993.

P. Faure, Ulysse le Crétois, Paris: Fayard, 1980.

P. Huvelin, Essai Historique Sur Le Droit des Marchés et des Foires, Librairie Nouvelle de Droit et de Jurisprudence, Paris: Arthur Rousseau, 1897.

P. Lévéque, Empires et Barbaries, Paris: Armand Colin, 1976.

Polybe, (Trad. Fustel de Coulanges), Histoire Générale, Amiens, 1858.

P. Paul, Histoire Générale de L'Empire Romain, Paris: Seuil, 1974.

P. Salama, Les Voies Romaines de L'Afrique Du Nord, Alger, 1951.

R. Allier, Magie et Religion, Paris: Seuil, 1935.

R. Auguet, Cruauté et Civilization: Les Jeux Romains, Paris: Gallimard, 1970.

R. B. Bandinelli, Rome le Centre du Pouvoir, Paris: Gallimard, 1969.

R. Bloch, Tite-Live et les Premiers Siécles de Rome, Paris: Les Belles Lettes, 1965

R. Bloch, L Épigraphie Latine, Paris: PUF, 1969.

R. Etienne, Le Siècle de Auguste, Paris: Armand Colin, 1968.

R. Etienne, La Vie Quotidienne à Pomée, Paris: Gallimard, 1966.

R. Syme, La Révolution Romaine, Paris: Seuil, 1967.

R. Turcan, Les Cultes Orientaux dans Le Monde Romain, Paris: Les Belles Lettres, 1989.

R. M. Mullen, Les Rapports Entre Les Classes Sociales dans L'Empire Romain (50 av. JC-284 ap. JC), Paris: Seuil, 1986.

R. M. Mullen, Le Paganisme dans L Empire Romain, Paris: PUF, 1987.

Roman, Danièle, Rome, La République Impérialiste, (264-27 av. J-C), Ellipses, Paris: PUF, 2000.

R. Chevallier, Les Voies Romaines, Paris: Armand Colin, 1972.

R. Bianchi-Bandineli, Rome La Fin du Monde Antique, Paris: Gallimard, 1970.

R. J. Duncan, The Economy Of The Roman Empire, Cambridge University Press, 1982.

S. Mazzarino, La Fin Monde Antique, Paris: Gallimard, 1973.

T. Klebery, Hôtel, Restaurants et Cabarets Dans Antiquité Romaine, Paris: Armand Colin, 1957.

T. Frank, An Economic Survey of Ancient Rome, Paris: Seuil, 1933.

Ugo Enrico, Paoli, Vita Romana, Firenze: 1980.

V. Paul, L Empire Gréco-Romain, Paris: Seuil, 2005.

Von Hagen, Victor W., The Roads That Led to Rome, The World Publishing Company, Cleveland and New York, 1967.

Wheeler, Sir Mortimer, Les Influences Romaines Audelà des Frontiéres, Traduit de l Anglais Par Marcel Thomas, Paris: Librairie Plo., 1960.

W. H. Schoff (tr. & ed.), The Periplus of the Erythraean Sea: Travel and Trade in the Indian Ocean by a Merchant of the First Century, London: Bombay & Calcutta, 1912.

三、論文

Abbott, Frank, Frost, A History And Description of Roman Political Institutions, Elibron Classics, 1901.

A. Grenier, Manuel d'Archèologie Gallo-Romaine, L Archéologie du Sol, Les Routes.

E. Gjerstad, Early Rome, t. iv: Synthesis of Archaeological Evidence, 2 Vol, Lund, 1966.

G. Charles-Picard, Les Romains en côte d' Ivoire Archéologia, n° 116, Mars, 1978.

H. Polge, L Amélioration de L Attelage a-t-elle Réellement Fait Reculer Le Servage? Journal des Savants, 1967.

J. Andreau, Pompée: Enchères, Foires et Marchés, Bulletin de la Société Nationale des Antiquaires de France, Paris: 1976.

J. Rouge, Dossiers de L Archéologie, n°71, Mars, 1983, Cil, XIV, 88.

J. Harmand, L' Armée et le Soldat & Rome de 107 à 50 ar Notre ére, 1964.

J. Rouge, Recherches Sur L Organisation du Commerce Maritime En Méditerranée Sous L Empire Romain, S.E.V.P.E.N., Paris: 1966.

J. P. Morel, La Iuventus et Les Origines du Théâtre Latin, Revue des Études Latines, 1970.

John Thorley, The Roman Empire and the Kushans, Greece & Rome, Vol. 26, No. 2, 1979.

J. Thorley, The Silk Trade between China and the Roman Empire at Its Height, Circa A. D. 90-130, Greece & Rome, Vol. 18, No. 1, 1971.

Le Président De Brosses Familières Sur L Italie, Paris: Henri Gautier, (Nouvelle Bibliothèque Populaire).

Luciev de Samosate, Traduction Novelle avec Notices, Oeuvres Complétes, Traduction Nouvelle avec Notices et Notes Par Emile Chambry, Paris: Garnier Frères.

Milton Osborne, The Mekong: Turbulent Past, Uncertain Future, 2001: 25

Manuel D Epictete, Traduction P. Commelin, Paris: Garnier Fréres, 1966.

M. Dubuisson, Grecs et Romains: Le Conflit Linguistique, L Histoire no50, nov., 1982.

N. A. Masckin, Il Principato Di Augusto 2 Vol Rome, 1956.

O. Perler, J. L. Maler, Les Voyages de Saint-Augustin, Etudes Augustèennes avec Le Concours du CNRS, Paris: 1969.

P. Veyne, Le Pain et Le Cirque, Sociologie Historique, Paris: Un Pluralisme Politique, 1976.

P. Leveau, La Construction des Aqueducs, Dossiers de L'Archéologie, no38, oct/nov, 1979.

Pulleyblank, Edwin G, The Roman Empire as Known to Han China, Journal of the American Oriental Society, Vol. 119, No. 1, 1999.

R. Lugand, Notes Sur le Itinéraire Maritime de Rome à Arles, Mēlanges de L'Ecole Française de Rome, (Mél. D Arch et D Hist.), 1926.

Schoff, Wilfred H, The Eastern Iron Trade of the Roman Empire, Journal of the American Oriental Society, Vol. 35, 1915.

The Periplus Of The Erythrean Sea, Translated And Edited By G. W. B. Huntingford, The Hakluyt Society, London: 1980.

國家圖書館出版品預行編目資料

古羅馬的旅人／劉增泉著. －－初版.－－臺
北市：五南，2013.06
　面；　公分
ISBN 978-957-11-7124-1（平裝）
1.古羅馬　2.文化史
740.225　　　　　　　　102008330

1WG9

古羅馬的旅人

作　　　者 ― 劉增泉(360.5)

發 行 人 ― 楊榮川

總 編 輯 ― 王翠華

主　　　編 ― 陳姿穎

責任編輯 ― 邱紫綾

封面設計 ― 羅秀玉

出 版 者 ― 五南圖書出版股份有限公司

地　　　址：106台北市大安區和平東路二段339號4樓

電　　　話：(02)2705-5066　傳　　　真：(02)2706-6100

網　　　址：http://www.wunan.com.tw

電子郵件：wunan@wunan.com.tw

劃撥帳號：01068953

戶　　　名：五南圖書出版股份有限公司

台中市駐區辦公室/台中市中區中山路6號

電　　　話：(04)2223-0891　傳　　　真：(04)2223-3549

高雄市駐區辦公室/高雄市新興區中山一路290號

電　　　話：(07)2358-702　傳　　　真：(07)2350-236

法律顧問　林勝安律師事務所　林勝安律師

出版日期　2013年6月初版一刷

定　　　價　新臺幣320元